science

KEPU BAIJIA JIANGTAN

普及科学知识，拓宽阅读视野，激发探索精神，培养科学热情。

尖端科技 连连看

吉林出版集团
北方妇女儿童出版社

图书在版编目（CIP）数据

尖端科技连连看／李慕南,姜忠喆主编.—长春：
北方妇女儿童出版社,2012.5（2021.4重印）
（青少年爱科学.科普百家讲坛）
ISBN 978－7－5385－6335－1

Ⅰ.①尖… Ⅱ.①李… ②姜… Ⅲ.①科学技术－青
年读物②科学技术－少年读物 Ⅳ.①N49

中国版本图书馆 CIP 数据核字（2012）第 061725 号

尖端科技连连看

出 版 人　李文学
主　　编　李慕南　姜忠喆
责任编辑　赵　凯
装帧设计　王　萍
出版发行　北方妇女儿童出版社
地　　址　长春市人民大街 4646 号 邮编 130021
　　　　　电话 0431－85662027
印　　刷　北京海德伟业印务有限公司
开　　本　690mm × 960mm　1/16
印　　张　13
字　　数　198 千字
版　　次　2012 年 5 月第 1 版
印　　次　2021 年 4 月第 2 次印刷
书　　号　ISBN 978－7－5385－6335－1
定　　价　27.80 元

前　　言

科学是人类进步的第一推动力,而科学知识的普及则是实现这一推动力的必由之路。在新的时代,社会的进步、科技的发展、人们生活水平的不断提高,为我们青少年的科普教育提供了新的契机。抓住这个契机,大力普及科学知识,传播科学精神,提高青少年的科学素质,是我们全社会的重要课题。

一、丛书宗旨

普及科学知识,拓宽阅读视野,激发探索精神,培养科学热情。

科学教育,是提高青少年素质的重要因素,是现代教育的核心,这不仅能使青少年获得生活和未来所需的知识与技能,更重要的是能使青少年获得科学思想、科学精神、科学态度及科学方法的熏陶和培养。

科学教育,让广大青少年树立这样一个牢固的信念:科学总是在寻求、发现和了解世界的新现象,研究和掌握新规律,它是创造性的,它又是在不懈地追求真理,需要我们不断地努力奋斗。

在新的世纪,随着高科技领域新技术的不断发展,为我们的科普教育提供了一个广阔的天地。纵观人类文明史的发展,科学技术的每一次重大突破,都会引起生产力的深刻变革和人类社会的巨大进步。随着科学技术日益渗透于经济发展和社会生活的各个领域,成为推动现代社会发展的最活跃因素,并且成为现代社会进步的决定性力量。发达国家经济的增长点、现代化的战争、通讯传媒事业的日益发达,处处都体现出高科技的威力,同时也迅速地改变着人们的传统观念,使得人们对于科学知识充满了强烈渴求。

基于以上原因,我们组织编写了这套《青少年爱科学》。

《青少年爱科学》从不同视角,多侧面、多层次、全方位地介绍了科普各领域的基础知识,具有很强的系统性、知识性,能够启迪思考,增加知识和开阔视野,激发青少年读者关心世界和热爱科学,培养青少年的探索和创新精神,让青少年读者不仅能够看到科学研究的轨迹与前沿,更能激发青少年读者的科学热情。

二、本辑综述

《青少年爱科学》拟定分为多辑陆续分批推出,此为第五辑《科普百家讲

坛》,以"解读科学,畅想科学"为立足点,共分为10册,分别为:

1.《向科技大奖冲击》

2.《当他们年轻时》

3.《获得诺贝尔奖的科学家们》

4.《科学家是怎样思考的》

5.《科学家是怎样学习的》

6.《尖端科技连连看》

7.《未来科技走向何方》

8.《科技改变世界》

9.《保护地球》

10.《向未来出发》

三、本书简介

本册《尖端科技连连看》以全新的视角,详细讲述地质、航天、环保、考古、能源与材料、社会、生物技术、天文、智能等方面的最新科学发现,并配有大量精美图片,带领读者进入一个神奇而有趣的科技大世界。人类社会的发展史实际上就是一部科技发展史。有人曾经这样贴切地形容过科学:"从茹毛饮血的洪荒时代进入到高速发展的信息数字时代,科技充分显示了它强大无比的穿透力和覆盖面。"科技的力量不可否认。它像一把奇异的剑,化腐朽为神奇,极大地促进了生产力的发展,对人类社会的发展起到了有利的助推作用。它加速了社会的演化,并影响到人类生产生活的各个方面。可以说,高科技极大地改变了人类社会的面貌,加快了人类文明发展的进程。

本套丛书将科学与知识结合起来,大到天文地理,小到生活琐事,都能告诉我们一个科学的道理,具有很强的可读性、启发性和知识性,是我们广大读者了解科技、增长知识、开阔视野、提高素质、激发探索和启迪智慧的良好科普读物,也是各级图书馆珍藏的最佳版本。

本丛书编纂出版,得到许多领导同志和前辈的关怀支持。同时,我们在编写过程中还程度不同地参阅吸收了有关方面提供的资料。在此,谨向所有关心和支持本书出版的领导、同志一并表示谢意。

由于时间短、经验少,本书在编写等方面可能有不足和错误,衷心希望各界读者批评指正。

本书编委会

2012 年 4 月

目　　录

一、世界科技前沿

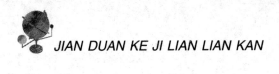

二、新材料：未来的希望

三、生活与健康

一、世界科技前沿

电脑技术

电脑是现代社会最有价值的工具之一，电脑科学技术现在已深入到社会的政治、经济、军事、文化、科技以及人类工作、学习与生活的各个方面。它的出现极大地推动了人类社会的发展。电脑的发展水平，已经成为衡量一个国家现代文明的重要标志。

现代电脑始祖 ENIAC

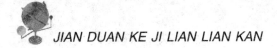

世界上第一台电脑于 1946 年问世，它是宾夕法尼亚大学研制的。当时正处在第二次世界大战期间，为了解决许多复杂的弹道计算问题，在美国陆军部的资助下这项研究工作开始了。这台电脑于 1945 年底完成，1946 年正式交付使用。这台机器被命名为 ENIAC（Electronic Numerical Integrator And Computer——电子数字积分计算机），因为它是最早问世的一台电脑，所以一般认为它是现代电脑的始祖。

由于这台机器具有计算、模拟、分析问题、操纵机器、处理问题等能力，被看做是人类大脑的延伸，是一种有"思维"能力的机器，尤其是微型机又具有体积小重量轻的特点，可作为各种系统，设备的控制中枢，所以常被人们俗称为"电脑"。

人们通常所说的电脑硬件是指构成电脑的所有物理部件的集合。这些部件是"看得见、摸得着"的"硬"设备，故称之为"硬件"。

一般情况下，数字电脑由控制器、运算器、存储器、输入设备和输出设备五大部分构成。控制器是电脑的控制中枢，发布各种操作命令和控制信息，控制各部件协调工作；运算器是对信息或数据进行处理和运算的部件，经常进行的运算是算术运算和逻辑运算；存储器用来存储程序和数据，是电脑各种信息的存储和交流的中心；输入设备用于输入原始数据和程序等信息。常用的输入设备有键盘、鼠标、光电输入机等；输出设备用于输出计算结果和

新型苹果 iMac 电脑

各种有用信息。常用的输出设备有显示器、打印机、绘图仪等。

软件是相对于硬件而言的，电脑软件指各类程序和文档资料的总和。电脑硬件系统又称为"裸机"，电脑只有硬件是不能工作的，必须配置软件才能够使用。软件的完善和丰富程度，在很大程度上决定了电脑硬件系统能否充分发挥其应有的作用。

电脑的应用非常广泛，已经深入到生产、科研、生活、管理等各个领域。科学计算一直是电脑的重要应用领域之一，例如在天文学、空气动力学、核物理学等领域中，都需要依靠电脑进行复杂的运算。在军事上，导弹的发射及飞行轨道的计算控制、先进防空系统等现代化军事设施通常都是由电脑控制的大系统其中包括雷达、地面设施、海上装备等。现代的航空、航天技术发展，例如超音速飞行器的设计，人造卫星与运载火箭轨道计算更是离不开电脑。过去人工需几个月、几年的时间，甚至根本无法计算的问题，使用电脑只需几天、几小时甚至几分钟。

除了国防及尖端科学技术以外，电脑在其他学科和工程设计方面，诸如数学、力学、晶体结构分析、石油勘探、桥梁设计、建筑、土木工程设计等领域内也得到广泛的应用，并促进了各门科学技术的发展。

利用电脑对数据进行分析加工的过程就是数据处理的过程。当前大部分电脑都用于数据处理。银行系统、财会系统、档案管理系统、经营管理系统等管理系统及文字处理、办公自动化等方面都大量使用电脑进行数据处理。如现代企业的生产计划、统计报表、成本核算、销售分析、市场预测、利润预估、采购订货、库存管理、工资管理等，都通过电脑来实现。电脑的应用程度，已经是衡量一个部门和领域现代化管理水平的重要方面。

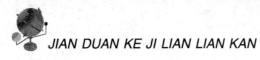

在现代化工厂里，电脑普遍用于生产过程的自动控制。例如在化工厂中用电脑来控制配料、温度、阀门的开闭等；在炼钢车间用电脑控制加料、炉温、冶炼时间等；程控机床的精确制造；产品加工的自动工艺过程等。采用电脑过程控制，可大大提高自动化水平，提高产品质量，提高劳动生产率，降低成本，提高经济效益。在生活中用电脑控制的电冰箱、电视机、空调、洗衣机也给现代生活带来了极大的方便。

电脑还可以进行辅助设计和辅助制造。由于电脑有快速的数值计算、较强的数据处理及模拟的能力，因而目前在飞机、船舶、光学仪器、超大规模集成电路等的设计制造过程中占据着越来越重要的地位。使用已有的电脑辅助设计新的电脑，达到设计自动化或半自动化程度，可减轻人的劳动强度，并提高设计质量。电脑除了可以进行辅助设计、辅助制造外，还可以用于进行辅助测试、辅助工艺、辅助教学等。

信息通信电脑网络是电脑在通信方面的重要应用，它是电脑和通信技术结合的产物。通过全球电脑网络，可实现全球性情报检索、信息查询、电子

商务、电子邮件等。企业网、城域网、校园网改变着人们的管理经营方式。银行系统可通过全国性网络实现联机取、存款业务；民航、铁路系统可通过全国性网络实现异地订、售票业务；旅游系统可通过网络进行客房预订等业务。

和互联网有关的科幻作品，最广为人知的莫过于《黑客帝国》。这部作品的前身是美国"塞伯朋克"派的科幻小说，早在20世纪的80年代就已经出现。也就是说，人类自由地穿梭于互联网、黑客干扰人类的正常生活、电脑病毒泛滥给世界带来灾难……这样的科学想象，早在20多年前甚至更早就已经出现。虽然《黑客帝国》中电脑程序成为生物、毁灭人类世界的幻想并没有变成现实，人们也无从预测，人工智能是否真的会高于人类智能，互联网的飞速发展最终将给人类带来什么，但是，互联网却成为现代生活中无法摆脱的一部分，深入到了每个人生活的细微之处——已经很难想象，没有网络的世界将会是什么样的世界。

在过去的十年里，互联网的发展和普及可以说是日新月异：90年代中期，网络游戏只是电脑高手和网络精英的专利，对于普通大众来说，网络还只是看不见也摸不着的概念，但是，仅仅数年之后，网游就蔓延到全世界，并被一部分人视为"公害"。

世纪之交，最引起世界关注的事情就是网络大潮席卷全球——那个时候，一个刚从学校毕业、初出茅庐的年轻人，只要他精通电脑与网络，就可以凭着几页薄薄的创业计划书从风险投资商那里拉到几百万上千万的投资，世界网民的数量从此呈几何级数增长。但是，两三年后，互联网的冬天迅速到来，网络经济泡沫迅速破裂，大量的网络公司倒闭。不过，这并没有影响互联网在大众当中的普及，21世纪初，几乎所有的人都在学习如何上网、如何发电子邮件，许多爱钻研的网友甚至开始自建主页、网站——网络开始深入到千家万户。特别是近两年来，博客、播客快速兴起，3G手机的浪潮高调推出。网络，已经渗透到人们生活的方方面面。

信息技术——IT

信息技术（Information Technology）简称IT，指人类开发和利用信息资源的所有手段的总和。也可以说，信息技术是指获取、传递、处理和利用信息的技术。

最近半个世纪，是有史以来科学技术发展最迅速的阶段，各种高新技术层出不穷，其中最为突出的就是信息技术，而且已经成为当代新技术革命最活跃的领域。信息技术是一门综合性非常高的新技术，它是所有高新技术的基础和核心，对其他高新技术的发展起着先导作用。一般地讲，其他技术是作用于能源和物质，而信息技术则是改变了人们对空间、时间和知识的认识和理解。信息技术的普遍应用将会充分的挖掘人类的智力，使物质和能源更有效地被人们所利用，起到催化和倍增的作用。

20世纪中叶，由于生产社会化程度空前提高，人类在信息处理方面也进入了一个全新的阶段，我们可以称之为信息处理的电子时代。所谓现代信息技术，就是指在这十年内迅速发展起来并且迅速普及的一系列技术，正是这些技术构成了现代信息处理的基础。

现代信息技术的核心是微电子技术、电脑技术和现代通信技术？作为信息处理的设备——电脑，无论在信

息量的存储方面，还是在信息处理加工速度方面都有长足的发展。电脑的价格大幅度下降，性能大幅度提高，这些都为电脑广泛应用于信息处理提供了可能。现代通信技术主要包括数字通信、卫星通信、微波通信、光纤通信等。通信技术的普及应用，是现代社会的一个显著标志。通信技术的迅速发展大大加快了信息传递的速度，使地球上任何地点之间的信息传递速度缩短到几分钟之内甚至更短，加上价格的大幅度下降，通信能力的大大加强，多种信息媒体如数字、声音、图形、图像的传输，使社会生活发生了极其深刻的变化。

信息技术的广泛应用改变了人们的社会生活环境，也改变了人的生活方式、行为方式和社会互动关系。随着网络技术的广泛应用，人们不但可以通过连接在网络上的家用电脑随时使用世界各地的丰富信息资源，还可以积极地参与网络信息资源的生产。而且，电脑多媒体技术创造出的"虚拟现实"

环境，以其形象逼真的效果反映客观真实世界，使网络传播的内容更具社会渗透力。以国际互联网为代表的网络技术的出现，不仅拓宽了人们认识世界的视野，增加了人们了解世界的机会，而且对人的社会化方向、内容产生了深远影响。

当今世界正在向信息时代迈进，信息已经成为社会、经济发展的"血液"、"润滑剂"；现代信息技术广泛地渗透并改变着人们的生活、学习和工作；信息产业正逐步成为全球最大的产业。在这股席卷全球的信息化浪潮的冲击下，城市规划、城市建设、城市管理、城市的传统形态与功能等城市发展的诸多方面也无一例外地受到了现代信息技术的强大影响，城市正面临着新的发展契机。

"智能城市"是信息技术为现代社会带来的最重要影响之一，是一种不同于以往任何时代的城市空间结构的重组，它以地球信息科学、人居环境科学、区域可持续发展为理论与方法基础，以体现城市规划。信息技术使城市的产业结构发生了巨大变化。这主要体现在：在现代信息技术基础上产生了一大批以往所没有的新兴产业；信息技术通过对传统产业的改造，使传统产业明显带有信息化的痕迹，从而获得新生。可以说，现代社会的产业结构已经向信息经济模式转变。

随着信息技术的迅猛发展，人类社会正逐步从工业化社会向信息化社会迈进。为迎接挑战，各国正在规划和实施适应信息时代的全国性、乃至全球性高速信息公路。世界上几乎所有发达国家都已相继建成了国家级的电脑网络。这是一场跨越时空的新的信息网络革命，它将比历史上的任何一次技术革命对社会、经济、政治、文化等带来的冲击更为巨大，它将改变人们的生产方式、生活方式以及工作和学习方式。随着电脑网络的发展，也带来了许多政治、法律、伦理道德和社会问题，如信息泛滥、信息污染、信息犯罪等等。研究探讨信息技术发展所带来的伦理道德问题，已经成为国内外各界人士普遍重视的前沿性课题。

2008年，权威部门总结出了IT发展至今几十年来，发生的最具历史意义的 25 个事件，以示纪念。

1. 1986 年 9 月 9 日：康柏模仿 IBM 而胜出

个人电脑产业刚兴起时，号称蓝色巨人的 IBM 几乎没有遇到来自其他厂商的挑战。然而当英特尔骤然把它的处理器从 16 位升级到 32 位时，康柏让这位巨人大吃一惊。这一标准一直沿用至今，并一直占据主导地位。它在当时的市场上提供了一款价格具有相当竞争力的电脑，售价 6 499 美元，配置了英特尔最新的 386 芯片。突然之间，IBM 无法再为 PC 行业设定发展节奏与制定价格标准了。

2. 1989 年 8 月 1 日：微软推出 Office 办公软件

微软小试牛刀，首次推出零售价 500 美元的苹果电脑套装软件，它包括了三款当时已非常流行的程序（Word，Excel，Power Point）。Windows 版的此套件在一年后上市，许多专家都认为 office 办公软件，而不是 Windows 操作系统，才是微软最为赚钱的产品。

3. 1990 年 2 月 19 日：台式电脑取代胶片暗室

托马斯·诺尔写了一篇论数字图像处理的博士论文，却因为他的图像处理软件无法呈现论文中提到的"灰阶度"而备感苦恼。他不得已写了个小程序来模拟这一效果。他任职于工业光魔公司的兄弟约翰鼓励他把这个小程序制作成了一个软件，兄弟二人还为这个软件取名为"图像专家"（ImagePro）。不过当时的硅谷显然对此并不感兴趣，直到约翰把它展示给 Adobe 公司。从那一刻起，这个被重新包装命名的软件就一直与数码图像关系密不可分，人们甚至把它作为一个动词来使用，比如经常这样说："我要 PS 掉这颗痣"。

4. 1990 年 5 月 22 日：Windows 升级至 3.0

最初发行的几版 Windows 操作系统都没能吸引太多注意，但 Windows 3.0 增加了虚拟内存、内存保护等新特性，开始让个人电脑具有多项任务并行处理能力。微软卖出了大约 1 000 万份 Windows 3.0，从此奠定了自己统领个人电脑操作系统的地位。

亚马逊每年都要处理来自全球超过 10 亿美元的订单位，
销售数百万种五花八门的商品。

5. 1991 年 5 月 24 日：互联网迈向商业化

对于美国国家科学基金会将互联网开放用于商业应用这一决定，曾有批评人士将此喻为"把联邦公园变成菜市场"。最开始的一段时间里，商业应用只意味着企业之间电子邮件的互相往来。但是很快的，一个叫杰夫·贝佐斯的企业家创办了 Cadabra，它就是亚马逊网上书店的前身，后者于 1995 年开始正式投入运营。如今，亚马逊每年都要处理来自全球超过 10 亿美元的订单，销售数百万种五花八门的商品。这个网上巨人还在不断增长中，据估计，网上购物业每年有大约 1 000 亿美元的市场。

6. 1991 年 10 月 5 日：Linus 发布 Linux

在 1981—1991 年间，MS－DOS 操作系统一直是电脑操作系统的主宰。此时计算机硬件价格虽然逐年下降，但软件价格仍然居高不下。Linus 是赫尔辛基大学计算机科学系的二年级学生，从 1991 年 4 月起，他通过修改终端仿真程序和硬件驱动程序，开始编制自己的操作系统。1991 年 10 月 5 日，Linus 发布消息，正式向外宣布 Linux 内核系统的诞生。

7. 1993 年 12 月 8 日：Mosaic 浏览器登上《纽约时报》

"轻点鼠标：就能看到一段 NASA（美国航空航天局）卫星拍摄于太平洋上空的气象视频。"《纽约时报》在一篇报道中如此写道。"再点一下，一张小小的数字照片能告诉你，远在英格兰的剑桥大学电脑科学实验室里，某个咖啡壶是满的还是空的。"这篇文章让 Mosaic，这一最早的网络浏览器进入寻常百姓家。

8. 1994 年 4 月 12 日：垃圾邮件崭露头角

夫妻律师二人组 Laurence Caner 和 Martha Siegel 在网络上为他们自己的法律服务做起了广告。这项服务有个响亮的标题——"拿绿卡的好运，谁是下一个？"夫妻俩把这条广告发到了大约 6 000 个 Usenet（最悠久的网络之一，任何用户都能自由发布信息的地方）讨论组里。因此而愤怒的程序员编写了一个叫做 Cancelbot 的程序运行在 Usenet 上，用于寻找这条广告的出处，并使得 Usenet 的访问速度大大下降。不知悔改的夫妇俩则宣称，通过这则近乎免费的广告，他们一共获得了 1 000 个新客户以及 10 万美元的收入。

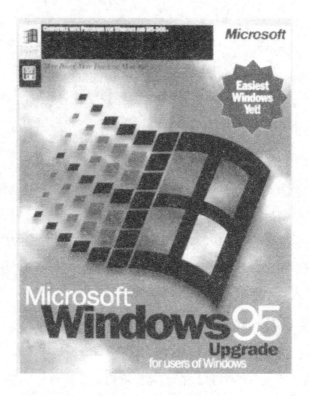

9. 1995 年 8 月 24 日：微软推出 Win 95

Windows 95 摒弃了其前几任操作系统对于 DOS 的依赖，增加了多项任务和保护模式 32 位程序应用支持，并增加了一个"开始"按钮，用户通过它可以启动任何程序。微软花了 300 万美元用于 Win 95 的广告推广，电视广告中播放着滚石乐队的签约广告歌曲"Start Me Up"，并让帝国大厦闪耀着 Windows95 微标上的颜色。

10. 1995 年 9 月 4 日：eBay 的第一笔拍卖生意

据说，eBay 的创始人 Pierre Omidvar 创办网站是为了帮他的未婚妻销售处方药。但当时叫做 Auction Web 的这个小网站上，所销售出的第一件拍卖品是一个破损的激光打印机，中标价为 14.83 美元。Omidvar 想将这个网站叫做 Echo Bay（"这听上去挺酷"），不过最后他把网站名字定为 eBay。现在，eBay 所支撑的经济活动，甚至比许多国家举国上下的经济活动还要庞大。

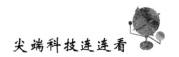

11. 1998 年 3 月：palm 试航 PDA

Palm 能容纳多达 750 个联系人与地址簿、一整年的约会记录、100 项待办事件或者备忘，却只有口袋大小，而且还可以与 PC 或者 iMac 电脑同步。Palm 的 Pilot1 000 当时售价为 299 美元，有 128K 大小的内存容量，装有手写识别软件。

12. 1996 年 10 月 30 日：AOL 提供包月上网服务

拨号上网用户们一直以小时计时交纳上网费用，并因此时刻留意着时间。AOL 不顾争议推出每月只需 20 美元即可无限时上网的服务，立即使得该公司的网络设备负载过大。然而 3 年后，AOL 拥有了 1 000 万个用户，包月上网制也成了行业准则。为了避免网络拥挤，AOL 的用户们只要不断开网络连接就行，而他们也由此意外地发现了永远在线的好处。

13. 1997 年 7 月 9 日：史蒂夫·乔布斯：从流放中归来

在被排挤出自己一手创办的公司达十年之久后，史蒂夫·乔布斯终于又说服苹果电脑收购他创办的另一家公司 NeXT，苹果电脑也由此获得其 OS X

史蒂夫·乔布斯

操作系统的根基。在数次会议讨论后，乔布斯重归苹果重新任职 CEO，并在不长的时间里，先中止了失败的 Newton 便携设备项目，又秘密研发了半透明蓝色的 iMac，接着说服比尔·盖茨继续开发 Internet Explorer 和 Microsoft Office 的 Mac 版本，然后收购了一系列专业多媒体应用软件如 Final Cut 等。通过这一系列举措，乔布斯挽救了苹果公司的命运，使其再次辉煌。

14. 1998 年 10 月 28 日：版权保卫战

由世界知识产权组织起草的《数字千年版权法》，或许是网民眼中最不受欢迎的一部法规，1998 年 10 月 28 日美国前总统克林顿授权这部法规开始实施。该法涉及网上作品的临时复制、网络上文件的传输、数字出版发行、作品合理使用范围的重新定义、数据库的保护等，规定网络著作权保护期为 70 年，未经允许在网上下载音乐、电影、游戏、软件等为非法。

15. 1999 年 1 月 19 日：黑莓的神话

黑莓（Bhck Berry）是加拿大 RIM 公司推出的一种移动电子邮件系统终端，其特色是支持推动式电子邮件、手提电话、文字短信、互联网传真、网页浏览及其他无线资讯服务。只需花上 399 美元，再加上数据服务的费用，这个设备就成了商务应用利器。在一段时间里，这套装备一直是青少年追逐的科技趋势。随着其型号在这些年一直不断地演变，黑莓仍然是当今世界上最畅销的智能手机——对于科技品牌来说，这像是一段神话与史诗。

黑莓手机

16. 1999 年 3 月 29 日：梅丽莎病毒燃起燎原野火

一个携带 Wotd 病毒的文件出现在网络上，宣称自己含有大量色情网站的登录密码——这就是梅丽莎病毒。它还通过被感染电脑的 Outlook 地址簿，自动把其自身发送给电脑主人的前 50 个联系人，使得许多邮件服务器不堪重负，并导致美国经济损失估计高达 8 000 万美元。梅丽莎病毒的作者被判监禁 20 个月，此举显然并未能对其他病毒作者起到任何警示作用，他们仍在大量编写病毒程序。

17. 1999 年 3 月 31 日：TiVo 改变电视

TiVo 是一种数字录像设备，它能帮助人们非常方便地录下和筛选电视上播放过的节目，让录像变得非常简单，只要根据节目菜单设定录影计划，就可以从硬盘上随时回放节目。由于 TiVo 具备了自动暂停和跳过功能，使用者还可以轻松地跳过电视台插播的广告。

18. 2000 年 1 月 1 日：千年虫的一场虚惊

这一天什么也没发生——部分原因是许多公司花费了上千亿美元用于修复软件防止出差错。包括之前人们最添油加醋的那些千年危机预言——核电

站熔毁、监狱门庭大开、电网悉数毁坏——都只是焦虑、无知的人们臆想出来的。

19. 2000 年 4 月 3 日：联邦法院裁决微软垄断

美国政府指控微软利用其在电脑操作系统的垄断性统治地位，通过在其 Windows 操作系统内集成 Internet Explorer 浏览器。意图控制网络浏览器市场。联邦地方法院法官 Thomas Penfield Jackson 的裁决签发于这一天，责令微软分离重组为两家业务公司——微软通过再次上诉推翻了这一裁决。但这场旷日持久的诉讼战让微软变成一个更为友好和温和的竞争者，或者至少是它变得非常谨慎了。

20. 2000 年 6 月 26 日：Napster 被迫转型

Napster 是一款可以在网络中下载自己想要的 MP3 文件的软件名称，它还同时能够让自己的机器也成为一台服务器，为其他用户提供下载。法官 Marilyn Patel 在 2000 年 6 月 26 日就 Napster 被诉侵权一案做出裁决，这项颇为流行的音乐服务必须于两天内关闭。一时间网络上掀起轩然大波。Napster 的用户们都在向娱乐行业传达同一个信息：不行方便，毋宁死。Napster 随后以同一品牌名称重生转型，提供有偿音乐服务，但 "to Napster" 的含义一直未变，仍然意味着通过数字盗版行为侵害商业利益。

TiVo

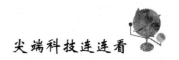

21. 2001 年 7 月 9 日：Webvan 清场

时尚的送货车队与巨大的仓库，这一切都让 Webvan——一家在线零售商成为网络大潮中臃肿而迟早注定关门的企业里的典型。Webvan 寄予重望的在线订单暴涨的情形没能出现，这家公司也在这一天宣告破产。从中能得到的教训是：人们或许会在网上购买图书和 CD，但他们更愿意自己去市场购买生菜，以省下退货费用。

22. 2001 年 10 月 1 日：iPod 与音乐

在这一天，外观光滑，能容纳下 100 张专辑的苹果新时尚 iPod 正式上市。便携音乐播放器从此不再是一件装饰品，而是一种生活方式的符号，引领着数字音乐新时代的到来。

iPod 是苹果公司推出的一种具有大容量 MP3 播放器

23. 2004 年 11 月 9 日：Fire fox 掀起第二次浏览器大战

针对微软反垄断一案的裁决并没有把 IE 浏览器打败，反倒是无休止的病毒、恶意软件和漏洞让用户时刻准备甩掉 Intemet Explorer。但是直到 2004 年

Fire fox 浏览器

中期，Mozilla 基金会旗下的开源软件在经过漫长的 6 年开发后，也没有发布一个 1.0 版，否则当时市场上也不至于没有一款能与 IE 相抗衡的浏览器。所以一小部分反叛者把 Mozilla 的浏览器改头换面一下，推出了一款轻量级的浏览器，它致力于更有效和更安全的网络冲浪体验，它就是 Fire fox，在 2004 年 11 月 19 日这一天向公众发布，其他的一切，都将由历史来述说。

24. 2006 年 4 月 6 日：YouTube 把电脑变成电视

在这一天，一个默默无闻的喜剧演员 Judson Laipply 在 YouTube 上传了一段舞台表演视频——"舞蹈的进化"，在这段视频中他模仿了各种各样的流行时尚舞蹈。这个视频剪辑自上传后一共被观看了 7 000 万次，充分展现了访问 YouTube 的便捷性，以及它前所未有的构建巨大视频网络的能力，只要有网络接入，人人皆可访问，随时皆可访问它。YouTube 是设立在美国的一个视频分享网站，它是一个可供网民下载观看及从事视频短片的网站，至今已成为同类型网站的翘楚，并造就多位网上名人和激发网上创作。

25. 2007 年 6 月 29 日：iPhone 朝圣者的光荣日

尽管 iphone 预先的大肆宣传有些可笑，但排在队伍中的人们并不抱怨什么。iPhone 的影响力已经远远超过购买它的 200 万用户，它的成功，使人们可以期待将来看到更多装备精良的手机——触摸屏，更少的按键，和更像电脑的应用程序。

智能微尘

智能微尘（smart dust）是指具有电脑功能的一种超微型传感器，它可以探测周围诸多的环境参数，能够收集大量数据，进行适当计算处理，然后利用无线通信装置，将这些信息在微尘器件间往来传送。

近年来，由于硅片技术和生产工艺的突飞猛进，集成有传感器、计算电路、双向无线通信技术和供电模块的微尘器件的体积已经缩小到了沙粒般大小，但它却包含了从信息收集、信息处理到信息发送所必需的全部部件，未来的智能微尘甚至可以悬浮在空中几个小时，搜集、处理、发射信息。而且，它仅依靠微型电池就能工作多年。

智能微尘的应用范围很广，除了主要应用于军事领域外，还可用于健康监控、环境监控、医疗等许多方面。但这一领域目前仍存在一些技术瓶颈，限制了其向市场产品的广泛转化。

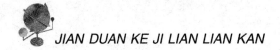

　　智能微尘系统可以部署在战场上，远程传感器芯片能够跟踪敌人的军事行动。智能微尘可以被大量地装在宣传品、子弹或炮弹壳中，在目标地点撒落下去，形成严密的监视网络，敌国的军事力量和人员、物资的运动自然清晰可见。

　　美国希望在战场上放置这种微小的无线传感器，以秘密监视敌军的行踪。美国国防部已经把它列为一个重点研发项目。如果像预想的那样，智能微尘用在战场上，美国的军事实力又将与其他国家再度拉开距离。智能微尘还可以用于防止生化攻击——智能微尘可以通过分析空气中的化学成分来预告生化攻击的到来。

　　在生活中，通过智能微尘装置，可以定期检测人体内的葡萄糖水平、脉搏或含氧饱和度，将信息反馈给本人或医生，用它来监控病人或老年人的生活。科学家设想，将来老年人或病人生活的房间里，将会布满各种智能微尘监控器，如嵌在手镯内的传感器会实时发送老人或病人的血压情况，地毯下的压力传感器将显示老人的行动及体重变化，门框上的传感器会了解老人在各房间之间走动的情况，衣服里的传感器会发送出人体体温的变化，甚至于抽水马桶里的传感器可以及时分析排泄物并显示出问题……这样，老人或病人即使单独一个人在家也是安全的。

　　英特尔公司正在研究通过检测压力来预测初期溃疡的"Smart Socks"，以及通过检测伤口化脓情况来确定有效抗生物质的"智能绷带"。一个胃不好的病人吞下一颗米粒大小的小金属块，就可以在电脑中看到自己胃肠中病情发展的状况，对任何一个胃病患者来说，这无疑都是一个福音。智能微尘将来还可以植入人体内，为糖尿病患者监控血糖含量的变化。届时，糖尿病人可能需要看着电脑屏幕上显示的血糖指数，才能决定适合自己的食物。

　　智能微尘还可用于发生森林火灾时，通过从直升机上的温度传感器来了解火灾情况。此外，智能微尘还可以进行大面积、长距离的无人监控。由于输油管道许多地方都要穿越大片荒无人烟的无人区，这些地方的管道监控一直都是难题。传统的人力巡查几乎是不可能的事，而现有的监控产品，往往复杂且昂贵。智能微尘的成熟产品布置在管道上，将可以实时地监控管道的情况，一旦有破损或恶意破坏，人们都能在控制中心实时了解到。

　　智能微尘在拥挤的闹市区，可用作交通流量监测器；在家庭可监测各种家电的用电情况以避开高峰期；还可通过感应工业设备的非正常振动，来确定制造工艺缺陷，智能微尘技术潜在的应用价值非常之大。随着微尘器件的价格大幅下降，今天智能微尘将具有更加广阔的市场前景。

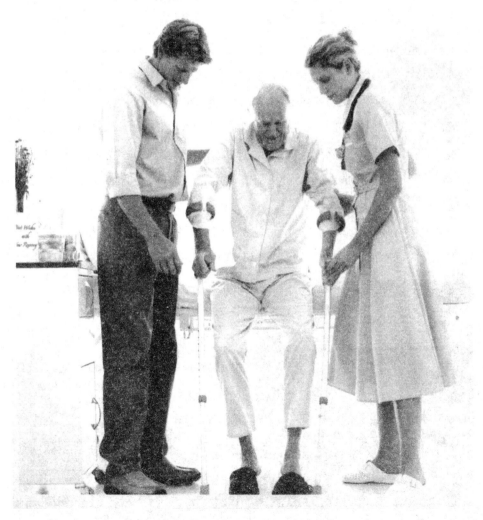

在生活中，通过智能微尘装置，老人或病人即使单独一个人在家也是安全的。

全球定位系统——GPS

GPS 是导航卫星测时与测距全救定位系统（Navigation Satellite Timing And Ranging Global Position system）的缩写，是一种结合卫星及通讯发展的技术。它是美国从本世纪 70 年代开始研制，历时 20 余年，耗资 300 亿美元，于 1994 年 3 月全面建成的具有海陆空全方位实时三维导航与定位能力的新一代卫星导航与定位系统。GPS 包括绕地球运行的 24 颗卫星，它们均匀地分布在 6 个轨道上，每颗卫星能连续发射一定频率的无线电信号。只要持有便携式信号接收仪，则无论身处陆地、海上还是空中，都能收到卫星发出的特定信号。接收仪中的电脑对接收到卫星发出的信，号进行分析，就能确定接收仪持有者的位置。

美国最初开发 GPS 的主要目的是为美军提供实时、全天候和全球性的导航服务，并用于情报收集、核爆监测和应急通讯等一些军事目的。在 1991 年的海湾战争中，美军就曾利用这一技术在沙漠中部署军队。

最初的 GPS 计划方案是将 24 颗卫星放置在三个轨道上。每个轨道上有 8 颗卫星。但由于预算压缩，GPS 计划不得不减少卫星发射数量，改为将 18 颗卫星分布在 6 个轨道上。然而这一方案使得卫星可靠性失去了保障。1988 年美国进行了最后一次修改，使用 21 颗工作星和 3 颗备份卫星工作在

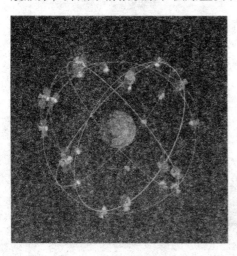

GPS 卫星网

位于轨道中的 GPS 卫星

6 条轨道上。从 1978 年到 1984 年，美国陆续发射了 11 颗试验卫星，并研制了各种用途的接收机，实验表明，GPS 定位精度远远超过设计标准。1989 年 2 月 4 日第一颗 GPS 工作卫星发射成功，至此宣告 GPS 系统进入工程建设状态。1993 年底实用的 GPS 网即 GPS 星座已经建成，今后将根据计划更换失效的卫星。

由于 GPS 技术所具有的全天候、高精度和自动测量的特点，作为先进的测量手段和新的生产力，已经融入了国民经济建设、国防建设和社会发展的各个应用领域。成功地应用于土地测量、工程测量、航空摄影、运载工具导航和管制、地壳运动测量、工程变形测量、资源勘察、地球动力学等多种学科。在人们的社会生活中，CPS 的应用更加是无处不在。天文台、通信系统基站、电视台可用 GPS 精确定时；道路、桥梁、隧道的施工中大量的工程测

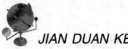

量在使用 GPS 后将更加精确；有了 GPS 野外勘探，城区规划的测绘变得更加简单和准确；GPS 在现代交通运输方面更加不可或缺，车辆的导航、调度、监控，船舶的远洋导航、港口和内河引水，飞机航线导航、进场着陆控制都由于 GPS 的应用而更加安全便捷。使用 GPS 人们旅游及野外探险变得更加轻松，GPS 甚至能用语音提醒人们转弯的方向以及目的地的路程；车辆安装了 GPS 定位防盗系统后将不再担心丢失，无论被盗车辆开到哪里，车内的 GPS 防盗系统都会发出信号向警方报告车辆位置，从而帮助警方抓住罪犯并追回被盗车辆。目前手机、PDA、PPC 等通信移动设备都可以安装 GPS 模块，GPS 的便携性使人们在日常生活中对 GPS 的应用更加得心应手，电子地图、城市导航让人们身在他乡却不会感到陌生，城市的建筑和街道都在掌握中。儿童及特殊人群的防走失系统则是 GPS 更加重要的功能体现。

随着技术的进步，GPS 接收设备的价格也直线下降。20 世纪 80 年代末期，一些船队使用 GPS 的花费为数万美元；而 1991 年海湾战争期间手持的

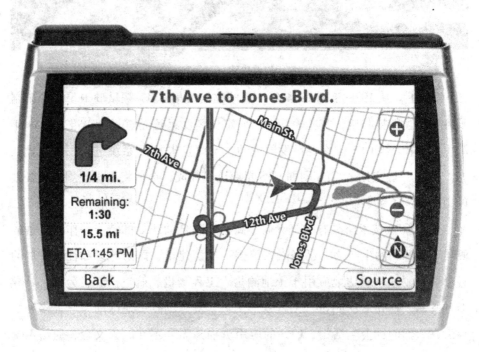

车载 GPS 导航系统

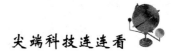

GPS 接收仪价格就降到了 1 000 美元以下；如今 GPS 接收仪在美国的体育用品商店里就能买到，价格在 100 美元左右。随着技术的进步 GPS 的接收仪价格将更加低廉，更多的电子产品都将配有 GPS 导航功能，GPS 走进千家万户指日可待。

正如人们所说的那样："GPS 的应用，仅受人们的想象力制约。"GPS 问世以来，已充分显示了其在导航、定位领域的霸主地位。许多领域也由于 GPS 的出现而产生革命性变化。目前，GPS 技术已经发展成为多领域、多模式、多用途、多机型的国际性高新技术产业。

电子商务

　　随着网络和相应技术的出现和发展，人们通过网络进行的沟通越来越多，因此通过网络进行商务活动也得到了广泛的发展，并进而产生了一个新名词——"电子商务"。

　　电子商务（Electronic Commerce）简称 EC，通常是指在全球各地的商业贸易活动中，在网络开放的环境下，买卖双方不用谋面而进行各种商贸活动，实现消费者的网上购物、商户之间的网上交易和在线电子支付以及各种商务活动、交易活动、金融活动和相关的综合服务活动的一种新型的商业运营模式。电子商务涵盖的范围很广，一般可分为企业对企业（Business to Business），或企业对消费者（Business to Customer）两种。另外还有消费者对消费者（Customer to Customer）这种发展迅速的模式。

电子商务将传统的商务流程电子化、数字化，一方面以电子流通代替了实物流通，大量减少了人力、物力，降低了成本；另一方面突破了时间和空间的限制，使得交易活动可以在任何时间、任何地点进行，从而大大提高了效率。电子商务所具有的开放性和全球性的特点，也为企业创造了更多的商机。

电子商务的出现重新定义了传统的商品流通方式，减少了中间环节，使得生产者和消费者的直接交易成为可能在破除了时空的壁垒的同时，电子商务还提供了丰富的信息资源，为各种社会经济要素的重新组合提供了更多的可能。

电子商务还使商家之间可以随接交流、谈判、签合同，消费者也可以把自己的反馈建议反映到企业或商家的网站，而企业或者商家则要根据消费者的反馈及时调查产品种类及服务品质，做到良性互动。

随着网络使用人数的增加，利用网络进行网络购物并以银行卡付款的消费方式已渐流行，电子商务网站也层出不穷。阿里巴巴、亚马逊、eBay、淘宝等大型电子商务网络的出现，更使得电子商务成为流行时尚。

在飞速发展的同时，网络安全问题浮出水面并成为制约电子商务发展的重要因素。因为网络自身的特点，任何一个人都可以使用特定技术，看到在网上传输的信息，并可以替代和修改这些信息。另外，规范网络的法律法规不健全也是影响到电子商务的一个重要因素，确认网上的数字身份证明和数字契约的法律有效性是十分重要的。与此同时，还有其他一些因素，如商家和用户对网上电子商务方武的认同、网络普及的程度等都会影响电子商务的发展。

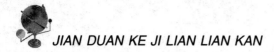

对电子商务的安全技术而言，其中包括加密技术、数字签名技术和认证技术等。加密技术是用来保护敏感信息的传输，保证信息的机密性；数字签名技术是用来保证信息传输过程中信息的完整和提供信息发送者的身份认证；认证技术是保证电子商务安全的重要技术之一。认证分为实体认证和信息认证：前者指对参与通信实体的身份认证；后者指对信息进行认证，已决定该信息的合法性。

电子商务是一种商业新潮流，在一定程度上改变着整个社会经济运行的方式，它的出现必将给人们生活带来种种便利。

网上购物

电子政务

电子政务并不是狭隘的政府上网工程，其确切定义是利用互联网作为新的服务手段，来实现政府对居民和企业的直接服务。需要注意的是，政府机关内部的事务处理如税收工作等等的电子化并不列入电子政务的范畴。当前，电子政务在很多领域都得到了广泛的应用。

政府信息门户

政府信息门户是电子政务系统框架的核心，通过政府信息门户这样一个集成的门户入口，使得用户可以随意地得到政府信息与服务。政府门户网站

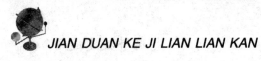

作为政府对外宣传政治、经济和利会发展等各方面情况及服务市民、服务企业的窗口和桥梁，区别于其他商业性、事业性网站，并可体现出政府的现代化办公的形象。

电子公文交换系统

电子公文交换系统包括交换处理系统、交换数据库系统、公文收发管理系统、公文信息 web 系统、电子印章系统、CA 认清系统、文档管理系统等。电子公文交换系统的建设目的，就是按照统一的标准，在不同的政府部门之间进行电子公文的传输，并保证公文在传递过程中的安全性和有效性。

协同办公系统

协同办公系统主要由个人办公、文档管理、行政办公、信息园地、人事信息、系统管理和帮助系统等子系统组成。该系统提供了一个协同的、集成的办公环境，使所有的办公人员都在同一个且个性化的信息门户中一起工作，这样就摆脱了时间和地域的限制，实现了协同工作与知识管理。

电子税务应用系统

税务信息化是政府信息化的重要组成部分。开展电子税务是各级政府电子政务的重要内容。它与整个社会的信息化，与其他宏观管理部门的信息化，与居民、企业的信息化密切相关。电子税务应用系统是传统税务工作的电子化、信息化、网络化。即指充分利用电脑网络应用等技术手段实现包括纳税申报、数据处理、税务登记、发票管理、查询违章记录、税收征管等整个业务流程的电子化、网络化、信息化。对纳税人和税务机关、人员的纳税和执法情况进行全方位的监控分析，同时辅助上级部门实施管理和决策的功能。

电子税务不仅大大提高了政府税收的有效性和效率，而且有效地提高了全社会的完税率。此外，电子税务还可以实现全社会最复杂的档案系统的建立，较之传统的政府税务行政工作，其优势是不言而喻的。

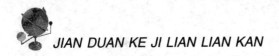
电子政务决策支持系统

实践经验表明，政府部门的决策越来越依赖于对数据的科学分析。因此，发展电子政务，建立决策支持系统，利用电子政务综合数据库中存储的大量数据，通过建立正确的决策体系和决策支持模型，可以为各级政府的决策提供科学的依据，从而提高各项政策制定的科学性和合理性，以达到提高政府办公效率、促进经济发展的目的。电子政务决策支持系统能够为政府机构内的每个领域的管理决策人员提供全面、准确、快速的决策信息。对政府的相关业务起到事前决策、事中控制、事后反馈的效果。

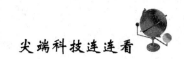

社区信息化系统

社区信息化系统是指运用各种信息技求和手段，在社区范围内为政府、居委会、居民和包括企业在内的各种中介组织和机构，搭建互动网络平台，建立沟通服务渠道，从而使管理更加高效，服务更加优质，最终使居民满意，进而不断提升居民的生活质量。

电子政务的实施，不但使信息技术与互联网在发挥政府职能和政府管理方面起到了更加积极的作用，而且使政府的行为方式发生了变化。当前，电子政务建设已开始成为许多国家行政改革的重要推动力量。电子政务推动的政府行政改革是一个由浅至深的过程，从改变政务流程开始，逐步改变政府的组织结构及决策过程、调控途径、行为方式等，并进而提高政府的行政能力。

机 器 人

人们想象中的机器人，往往具有人类的体貌特征，甚至会唱歌、跳舞、工作、读书。其实那只是机器人的狭义理解。机器人的完整意义应该是一种可以代替人进行某种工作的自动化设备。它可以是各种样子，并不一定长得像人，也不见得以人类的动作方式活动。

人们对机器人的幻想与追求已有 3 000 多年的历史。人类希望制造一种像人一样的机器，以便代替人类完成各种工作。机器人一词的出现和世界上第一台工业机器人的问世却是近几十年的事。

1920 年，一名捷克作家写了一个剧本《罗素姆万能机器人》。剧本描写了一个依赖机器人的社会。剧中有一个长得像人，而且动作也像人的机器人

名叫罗伯特（robot，捷克语的意思是强迫劳动，）从此，"robot"以及相对应的中文"机器人"一词开始在全世界流行。

进入 20 世纪后，机器人的研究与开发得到了更多人的关注与支持，一些实用化的机器人相继问世，1927 年美国西屋公司工程师温兹利制造了第一个机器人"电报箱"，并在纽约举行的世界博览会上展出。它是一个电动机器人，装有无线电发报机，可以回答一些问题，但该机器人还不能走动。

20 世纪 60 年代前后，随着微电子学

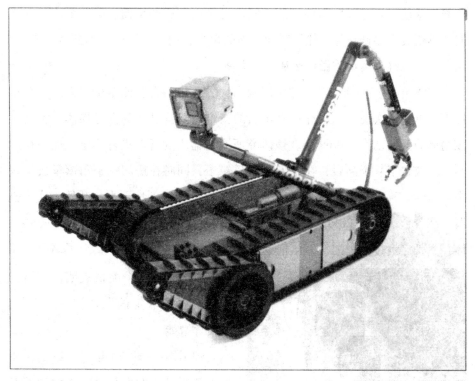

和电脑技术的迅速发展，自动化技术也取得了飞跃性的变化，普遍意义上的机器人开始出现了。1959年，美国英格伯格和德沃尔制造出世界上第一台工业机器人，取名"尤尼梅逊"，意为"万能自动"。尤尼梅逊的样子像一个坦克炮塔，炮塔上伸出一条大机械臂，大机械臂上又接着一条小机械臂，小机械臂再安装着一个操作器。这三部分都可以相对转动、伸缩，很像是人的手臂了。英格伯格和德沃尔认为汽车制造过程比较固定，适合用这样的机器人。于是，这台世界上第一个真正意义上的机器人，就应用在了汽车制造生产中。

经过近百年来的发展，机器人已经在很多领域中取得了巨大的应用成绩，其种类也不胜枚举，几乎各个高精尖端的技术领域都少不了它们的身影。在这期间，机器人的成长经历了三个阶段。第一个阶段中，机器人只能根据事先编好的程序来工作，这时它好像只有工作的手，不懂得如何处理外界的信息——如果让这样的机器人去做会损害它自身的工作，它也一定会去做。第二个阶段中，机器人好像有了感觉神经，具有了触觉、视觉、听觉、力觉等

功能，这使得它可以根据外界的不同信息做出相应的反馈。第三个阶段的机器人不仅具有多种技能，能够感知外面的世界，而且它还能够不断自我学习，用自己的思维来决策该做什么和怎样去做。

1968 年，美国斯坦福研究所研制出世界上第一台智能型机器人。这个机器人可以在一次性接受由计算机输出的指令后，自己找到目标物体并实施对该物体的某些动作。1969 年，该研究所对机器人的智能进行测定。他们在房间中央放置了一个高台，在台上放一只箱子，同时在房间一个角落里放了一个斜面体。科学家命令机器人爬上高台并将箱子推到地下去。开始，这个机器人绕着台子转了 20 分钟，却无法登上去。后来，它发现了角落里的斜面体，于是它走过去，把斜面体推到平台前并沿着这个斜面体爬上了高台将箱子推了下去。这个测试表明，机器人已经具备了一定的发现、综合判断、决策等智能。

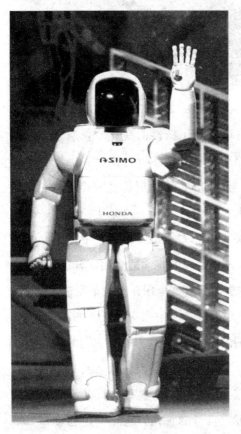

阿西莫机器人

到了 20 世纪 70 年代，第二代机器人开始迅速发展并进入实用和普及的阶段，而第三代机器人在今天也已经得到了突飞猛进的变化。它能够独立判断和行动，具有记忆、推理和决策的能力，在自身发生故障时还可以自我诊断并修复。尽管如此，机器人的发展还是没有止境，人们希望它有更高的拟人化水平。

20 世纪 80 年代，日本建立了首座无人工厂。工厂有 1 010 台带有视觉的机器人，它们与数控机床等配合，按照程序完成生产任务。1992 年，日本研制出一台光敏微型机器人，体积

"勇气号"火星车

不到 3 立方厘米，重 1.5 克。1997 年，日本的本田公亩制造出高 1.6 米的"阿西莫"（ASIMO）机器人。这个机器人有三维视觉，头部能自如转动，双脚能躲开障碍物，能改变方向，在被推撞后可以自我平衡。该机器人由 150 位工程师历时 11 年，耗资 8 000 万美元研制而成，可以照料人和完成多种危险及艰苦工作。2004 年 1 月，美国发射的"勇气"号和"机遇"号火星车先后成功登陆。火星车在火星表面行走、拍摄、钻探、化验，非常精彩地完成了自己的使命。

目前，科学家们正在研制更精密的小型机器人。随着纳米技术的成熟，分子级机器人的诞生指日可待。人们可以想象会有一种比尘埃还要小的机器人，飘在空气中，游进人体里，为人们服务。

基因工程

基因工程又称遗传工程，旨在研究生物遗传特性的奥秘，利用人工的方法修改生物染色体内的基因，改变基因原有的氨基酸序列，从而产生生物的特变体，即产生一种新的物种。

基因工程是现代生物技术的核心，它是 20 世纪 70 年代发展起来的一门边缘学科，它的诞生源于现代生物学理论上的发展和技术上的发明。有人称基因工程是人类创造的操纵生命最有效、最准确的生物工具。这是建立在分子生物学理论基础之上的一种大胆设想。如果这种设想变成了现实，那么它对人类的贡献是不可估量的。有人认为，这一学科发展的重要性足以相当或超过原子能的利用。

基因工程的最终目的是获得目的基因的表达产物，即蛋白质（酶）。人们掌握基因操作的时间并不长，但已经获得了多种多样的表达产物。用基因工程改造过的微生物、动物、植物层出不穷，它们都被人为地赋予了特殊的使命。

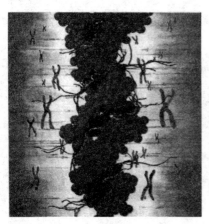

基因工程在农业方面的应用是培养"超级植物"，或称"转基因植物"，其主要方向和取得的成果主要有：改良作物品种，提高作物产量；提高农作物的抗病能力；培养耐寒、耐旱、耐热、耐盐碱特性的农作物，以扩大作物播种面积；提高农作物的蛋白质含量；使一般作物具有类似豆类作物一样的固氮能力；使植物含有动

物蛋白质；提高某些作物的光合作用能力。

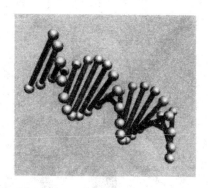

基因工程在畜牧业方面的应用是培养"超级动物"，或称"转基因动物"，其主要方向有提高家畜、家禽的生长速度，减少饲料消耗；提高家畜的出肉率和瘦肉的比例；提高家畜、家禽的抗病能力；提高家畜的产奶率和家禽的产蛋率；培养新的家畜和家禽品种；培育某些家畜令其奶中含有药物成分。

在医学方面基因工程的应用是制造"超级药物"以消除遗传疾病及癌症、艾滋病一类绝症，其方向主要是采用基因重组技术，使人体恢复胰岛素生产功能，根除糖尿病；制造抗癌药物，使癌细胞转化为正常细胞或消灭癌细胞，以根治癌症；培养防治艾滋病、肝病、小儿麻痹症等病症的疫苗；修改有缺

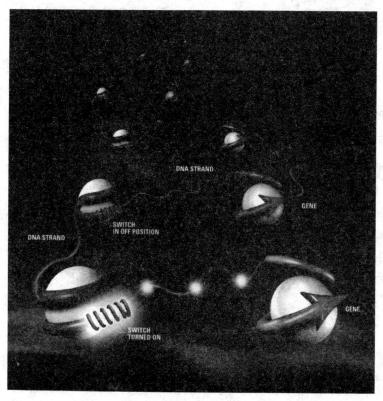

科学家通过基因研究，宣布鸟类起源于恐龙

陷基因，消除遗传疾病；在水果或食用植物中转移药物基因，培育有免疫功能的水果。基因还可培养用于人体的动物器官。

基因工程应用于刑事鉴定科学，可制作基因指纹。基因指纹用于刑事鉴定的准确率远高于传统的指纹。而且只需获得亿分之一的取样量就可进行，方便易得。亲子基因的鉴定，还可使被拐骗儿童找到自己的亲生父母。

基因工程还可应用于研究动植物的物种起源——科学家利用基因比较发现，鲸与牛的亲缘关系比鱼更接近；中国、美国、加拿大三国科学家通过基因研究宣布鸟类起源于恐龙。

基因工程在其他领域的应用也很广泛。美国科学家利用基因工程在山羊奶中炼出了"生物钢"，他们将蜘蛛蛋白基因转移到山羊的乳房细胞中，使山羊乳汁中产生蜘蛛蛋白，以此制造出一种崭新的蜘蛛丝式纤维。这种纤维不仅可降解，而且其强度足以防弹。科学家们还一直试图从恐龙化石中找到恐龙基因，希望由此复活已灭绝的恐龙。

转基因食品能不能吃？

所谓转基因生物，就是利用分子生物学技术，将某些生物的基因转移到其他物种中去，改造生物的遗传物质，使其在营养品质、消费品质方面向人类所需要的目标转变，以转基因生物为直接食品或为原料加工生产的食品就是转基因食品。90 年代初，市场上第一个转基因食品出现在美国，是一种保鲜番茄。

此后，转基因食品一发不可收拾。据统计，美国食品和药物管理局确定的转基因品种已有 43 种。美国是转基因食品最多的国家，60% 以上的加工食品含有转基因成分，90% 以上的大豆、50% 以上的玉米、小麦是转基因的。转基因食品有转基因植物，如：西红柿、土豆、玉米等，还有转基因动物，如：鱼、牛、羊等。虽然转基因食品与普通食品在口感上没有多大差别，但转基因的植物、动物有明显的优势：优质高产、抗虫、抗病毒、抗除草剂、改良品质、可逆境生存等。

面对越来越多的转基因食品，人们的看法并非一致，美国、加拿大两国的消费者大多已接受了转基因食品。而在欧洲，大多数人是反对转基因食品的——在英国尤为明显。缘由是 1998 年英国的一位教授的研究表明，幼鼠食用转基因的土豆后，会使内脏和免疫系统受损，这是对转基因食品提出的最早质疑。并在英国及全世界引发了关于转基因食品安全性的大讨论。虽然英国皇家学会于 1999 年 5 月发表声明，说此项研究"充满漏洞"，转基因土豆有害生物健康的结论完全不足为凭。但是，转基因食品的安全性问题已引起了消费者的怀疑。

其实从本质上讲，转基因生物和常规育成的品种是一样的，两者都是在原有的基础上对某些性状进行修饰，或增加新性状，或消除原有不利性状。常规育成的品种仅限于种内或近缘种间，而转基因植物中的外源基因可来自植物、动物、微生物。从理论上讲，转基因食品是安全的。长期食用转基因食品并不会产生副作用，因为转基

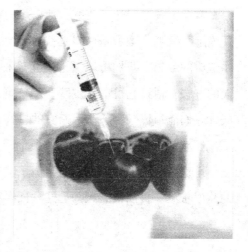

因食品上市之前是经过大量试验和许多部门严格检验的，而且转基因食品在人体内并不积累。人们怀疑转基因食品可能对人体产生种种危害，主要是人们对基因工程不了解，而且这些"危害"是毫无科学根据的。

虽然人们对于转基因食品还存在着争论，但它的优势还是表现得越来越显著。在美国得到普遍种植的转基因玉米中色氨酸含量提高了20%。色氨酸是人体必需的氨基酸，无法自己合成，只能从外界摄取，一般植物性食品中色氨酸含量很低甚至没有，只能在动物性食物中获取。转基因玉米的出现，对于素食主义者而言，无疑是个喜讯。转基因油菜中，不饱和脂肪酸的含量大增，对心血管有利。转基因牛奶，增加了乳铁蛋白、抗病因子的含量，降低了脂肪含量。

基因工程可使青春常驻

一项最新研究显示，一种基因能让皮肤变得更加年轻。这就意味着，长生不老药并非完全没有可能，至少从理论上说是这样。

研究人员通过阻碍这种基因的活性，能够让老年实验鼠的皮肤重现青春活力，让它们看起来年轻2岁。实验结束后它们的皮肤不仅看起来更年轻，而且从生物学水平来看，它们就像新生儿。加利福尼亚斯坦福医学院的霍华德·常博士领导了这项研究，他表示，这表明衰老可以被暂时逆转："这些发现显示，衰老并不只是因机体受损所致，它还是一种持续不断的活性遗传程序造成的结果，我们可以通过阻止这种程序提高人类健康。我们发现一种惊人的方法，通过它可以让皮肤看起来更加年轻。这暗示衰老过程具有可塑性，或许我们能通过某种方法阻断它的进程。"

虽然常博士提及了让皮肤恢复青春活力的可能性，但是他强调说，他没有估量这种方法对寿命的影响，并警告说，不要产生"青春之泉"可以重现的错误希望。目前没有人知道这种回春程序能够持续多长时间。

仿生技术

仿生技术是通过研究生物系统的结构和性质，以此来为工程技术提供新的设计思想及工作原理的科学。仿生技术一词 bionics 是 1960 年由美国科学家斯蒂尔根据拉丁文"bios"（生命方式）和字尾"nic"（具有……的性质）构成的。

仿生技术的问世开辟了独特的技术发展道路，也就是人类向生物界索取蓝图的道路，它大大开阔了人们的眼界，显示了极强的生命力。仿生技术的光荣使命就是为人类提供最可靠、最灵活、最高效、最经济的，最接近于生物系统的技术系统，为人类造福。

生物自身具有的功能比迄今为止任何人工制造的机械都优越得多，而仿生技术，就是要在工程上实现并有效地应用生物的功能。在信息接受（感觉功能）、信息传递（神经功能）、自动控制系统等方面，生物体的结构与功能在机械设计方面都给予了人们很大启发。

生物学的研究可以说明，生物在进化过程中形成的极其精确和完善的机制，生物所具有的许多卓有成效的本领是人造机器所不可比拟的。人们在技术上遇到的某些难题，生物界早

潜水艇利用仿生学借鉴了鱼鳔充气排气的原理，完美的实现了潜水艇的上浮和下沉

在千百万年前就曾出现，而且在进化过程中就已解决了。在 20 世纪 40 年代以前，人们并没有自觉地对生物的功能进行模仿，而走了不少弯路。从 20 世纪 50 年代以来，人们已经认识到生物系统是开辟新技术的主要途径之一，开始自觉地把生物界作为各种技术思想、设计原理和创造发明的源泉。

苍蝇，是细菌的传播者，可是苍蝇的楫翅（又叫平衡棒）是"天然导航仪"，人们模仿它制成了"振动陀螺仪"。这种仪器目前已经应用在火箭和高速飞机上，从而实现了自动驾驶。苍蝇的眼睛是一种"复眼"，由 3 000 多只小眼组成，人们模仿它制成了"蝇眼透镜"。"蝇眼透镜"是用几百或者几千块小透镜整齐排列组合而成的，用它做镜头可以制成"蝇眼照相机"，一次就能照出千百张相同的相片。这种照相机已经用于印刷制版和大量复制电子计算机的微小电路，大大提高了工效和质量。

自从人类发明了电灯，生活变得方便、丰富多了。但电灯只能将电能的很少一部分转变成可见光，其余大部分都以热能的形式浪费掉了，而且电灯的热射线不利于人眼。为了制造只发光不发热的光源，人类又把目光投向了大自然。在自然界中，有许多生物都能发光，如细菌、真菌、蠕虫、软体动物、甲壳动物、昆虫和鱼类等，而且这些动物发出的光都不产生热，所以又被称为"冷光"。在众多的发光动物中，萤火虫是其中的一类。萤火虫发出的冷光的颜色有黄绿色、橙色，光的亮度也各不相同。萤火虫发出冷光不仅具有很高的发光效率，而且这种冷光一般都很柔和，很适合保护人类的眼睛，光的强度也比较高。因此，生物光是一种人类的理想光。

科学家研究发现，萤火虫的发光器位于腹部。这个发光器由发光层、

模仿苍蝇楫翅设计的螺旋桨，被广泛应用于飞行器材

电子蛙眼装入雷达系统后，雷达抗干扰能力大大提高

透明层和反射层三部分组成。发光层拥有几千个发光细胞，它们都含有荧光素和荧光酶两种物质。在荧光酶的作用下，荧光素在细胞内水分的参与下，与氧化合成便发出荧光。萤火虫的发光，实质上是把化学能转变成光能的过程。人们根据对萤火虫的研究，创造了日光灯，使人类的照明光源发生了很大变化。近年来，科学家先是从萤火虫的发光器中分离出了纯荧光素，后来又分离出了荧光酶，接着，又用化学方法人工合成了荧光素。由荧光素和水等物质混合而成的生物光源，可在充满爆炸性瓦斯的矿井中当闪光灯。由于这种光没有电源，不会产生磁场，还可以做清除磁性水雷的工作。

人们根据蛙眼的视觉原理，已研制成功一种电子蛙眼。这种电子蛙眼能像真的蛙眼那样，准确无误地识别出特定形状的物体。把电子蛙服装入雷达系统后，雷达抗干扰能力大大提高。这种雷达系统能快速而准确地识别出特定形状的飞机、舰船和导弹等。特别是能够区别真假导弹，防止以假乱真。

仿生学家仿照水母的结构和功能，设计了水母耳风暴预测仪

电子蛙眼还广泛应用在机场及交通要道上。在机场，它能监视飞机的起飞与降落，若发现飞机将要发生碰撞，能及时发出警报。在交通要道，它能指挥车辆的行驶，防止车辆碰撞事故的发生。

生物许多的行为都与天气的变化有着一定的关系。沿海渔民都知道，生活在沿岸的鱼和水母成批地游向大海，就预示着风暴即将来临。水母，是一种古老的腔肠动物，早在5亿年前，它就漂浮在海洋里了。这种低等动物一直有着预测风暴的本能，每当风暴来临前，它就会游向大海中避难。其中原因在于，由空气和波浪摩擦而产生的次声波，从来都是风暴来临的前奏曲。这种次声波人耳无法听到，而水母对此却很敏感——仿生技术家发现，水母的耳朵的共振腔里长着一个细柄，柄上有个小球，球内有块小小的听石，当风暴前的次声波冲击水母耳中的听石时，听石就刺激球壁上的神经感受器，于是水母就听到了正在来临的风暴的隆隆声。

仿生技术家仿照水母耳朵的结构和功能，设计了水母耳风暴预测仪，相当精确地模拟了水母感受次声波的器官。把这种仪器安装在舰船的前甲板上，当接受到风暴的次声波时，可旋转360°的喇叭会自行停止旋转，它所指的方向，就是风暴前进的方向；指示器上的读数即可告知风暴的强度。这种预测仪能提前15小时对风暴做出预报，对航海和渔业的安全都有重要意义。

自然界中有许多生物都能产生电，仅仅是鱼类就有500余种。人们将这些能放电的鱼，统称为"电鱼"。各种电鱼放电的本领各不相同。放电能力最强的是电鳐、电鲶和电鳗。有一种南美洲电鳗竟能产生高达880伏的电压，称得上"电击冠军"，它甚至能击毙像马那样的大动物。

　　科学家们通过对电鱼的解剖研究，发现在电鱼体内有一种奇特的发电器官。这些发电器是由许多叫做"电板"或"电盘"的半透明盘形细胞构成的。电鱼这种非凡的发电本领，引起了人们极大的兴趣。19 世纪初，意大利物理学家伏特，以电鱼发电器官为模型，设计出世界上最早的伏打电池。因为这种电池是根据电鱼的天然发电器设计的，所以把它叫做"人造电器官"。对电鱼的研究，还给人们这样的启示：如果能成功地模仿电鱼的发电器官，那么，船舶和潜水艇等的动力问题便能得到很好的解决。

　　专业泳衣制造商 SPEEDO 公司推出的第四代鲨鱼皮泳衣一经推出便极度风光：美国"飞鱼"菲尔普斯在 2008 年奥运会上获得 8 枚金牌，名将霍夫创造了女子 400 米混合泳的纪录……自投入市场以来，身着第四代鲨鱼皮的选

"鲨鱼皮"泳衣

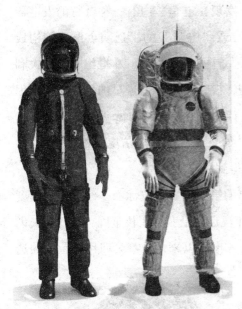

科学家根据长颈鹿利用紧绷的皮肤控制血管压的原理，研制了宇航飞行服——"抗荷服"

手已接连刷新了 40 多项游泳世界纪录。这款泳衣之所以叫做"鲨鱼皮"，是因为它的核心在于模仿鲨鱼的皮肤。鲨鱼皮肤表面粗糙的 V 形皱褶可以大大减少水流的摩擦力，使鲨鱼得以快速游动。"鲨鱼皮"泳衣的超伸展纤维表面便是完全仿造鲨鱼皮肤表面而制成的。这款泳衣还融合了仿生技术原理，在接缝处模仿人类的肌腱，为运动员向后划水提供动力。

长颈鹿之所以能将血液通过长长的颈输送到头部，是由于长颈鹿的血压很高。据测定，长颈鹿的血压比人的正常血压高出 2 倍。这样高的血压却没有使长颈鹿出现脑溢血——这与长颈鹿身体的结构有关。首先，长颈鹿血管周围的肌肉非常发达，能压缩血管，控制血流量；同时长颈鹿腿部及全身的皮肤和筋膜绷得很紧，利于下肢的血液向上回流。科学家由此受到启示，在训练宇航员时，设置一种特殊器械，让宇航员利用这种器械每天锻炼几小时，以防止宇航员血管周围肌肉退化；在宇宙飞船升空时，科学家根据长颈鹿利用紧绷的皮肤控制血管压力的原理，研制了宇航飞行服——"抗荷服"。抗荷服上安装有充气装置，随着飞船速度的增高，抗荷服可以充入一定量的气体，从而对血管产生一定的压力，使宇航员的血压保持正常。同时，宇航员腹部以下部位是套入抽去空气的密封装置中的，这样可以减小宇航员腿部的血压，利于身体上部的血液向下肢输送。

根据蝙蝠超声定位器的原理，人们还仿制了盲人用的"探路仪"。这种探路仪内装一个超声波发射器，盲人带着它可以发现电线杆、台阶、路上的行人等。如今，有类似作用的"超声眼镜"也已制成。

　　龟壳的背甲呈拱形，跨度大，其中包括了许多力学原理。虽然它只有2厘米的厚度，但铁锤敲砸都很难破坏它。建筑学家模仿它进行了薄壳建筑设计。这类建筑有许多优点：用料少，跨度大，坚固耐用。薄壳建筑也并非都是拱形，举世闻名的悉尼歌剧院就像一组停泊在港口的群帆。

　　随着仿生技术的发展，科学家已经能够利用模仿人体组织的仿生材料，来代替人体器官的功能，解决各种医学难题。

　　大脑的结构非常复杂，大脑部分替换不像替换四肢那样简单。美国南加州大学教授伯格发明了一种仿生材料制作的电脑芯片，这种电脑芯片能够取代海马（大脑内控制短时记忆和空间感的区域）。如老年痴呆或中风等病症，这种芯片的植入可以帮助病人的大脑维持一定的正常功能。

　　有时候，当人们需要把药物准确无误地传到身体的某个部位时，一颗药丸或是一次注射都不能达到理想的效果。美国宾州大学生物工程教授丹尼尔·哈姆找到了一种更好的方法：人造细胞。它由仿生材料制作而成，能模仿

悉尼歌剧院

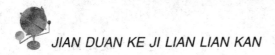

白细胞自由地在身体内流动。这些假细胞能够准确无误地把药物送到它应该到达的部位。可以说，在假细胞的帮助下，某些疾病的治疗更容易、更安全了，其中也包括对癌症的治疗。

对于肾功能失效的人来说，基本的生活需求，例如，血液排毒和保持体内液体平衡，都需要数小时与透析机的连接来维持。科学家马丁·罗伯特和大卫·李设计了一种轻便的人造肾，尽管它的尺寸很小，但它却是自动化的、可穿戴的人造肾。人造肾不仅很小很轻，足以放置在身体的肾部位置，同时还可以帮助人体恢复肾功能。它的实际功能要强于传统的透析，因为它可以全天24小时正常使用——这和真正的肾没有什么区别。

试管婴儿

试管技术，又称体外受精联合胚胎移植技术，是指分别将卵子与精子取出后，置于试管内使卵子受精，再将受精卵移植回母体子宫内发育成胎儿。试管婴儿就是用人工方法让卵子和精子在体外受精并进行早期胚胎发育，然后移植到母体子宫内发育而诞生的婴儿。

"试管婴儿"最初是由英国产科医生帕特里克·斯特普托和生理学家罗伯特·爱德华兹合作研究成功的。"试管婴儿"一诞生就引起了世界科学界的轰动，甚至被称为人类生殖技术的一大创举，也为治疗不孕不育症开辟了新的途径。"试管婴儿"是将体外受精的新的小生命送回女方的子宫里，让其在子宫腔里发育成熟，并使怀有试管婴儿的母亲与正常受孕妇女一样，怀孕到足月，正常分娩出婴儿。

受精卵在体外形成早期胚胎后，就可以移入女性的子宫了。如果女性的子宫有疾病，还可将早期胚胎移入自愿做代孕母亲的女性子宫内，这样出生的婴儿就有了两个母亲，一位是给了他遗传基因的母亲，一位是给了他血肉之躯的母亲。这一技术的产生给那些可以产生正常精子、卵子但由于某些原因却无法生育的夫妇带来了福音。1944年，美国人洛克和门金首次进行这方面的尝试。世界上第一个试管婴儿路易斯·布朗于1978年7月25日23时47分在英国的奥尔德姆市医院诞生，此后该项研究发展极为迅速，

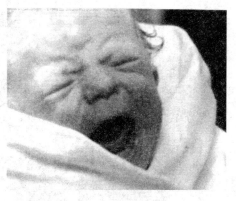

世界上第一个试管婴儿路易斯·布朗

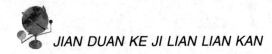
到 1981 年已扩展到 10 多个国家。现在世界各地的试管婴儿总数已达数千名。

先进的生殖医学研究已将人类生殖的自我控制推向新的极限，如今被称为"第三代试管婴儿"的技术更是取得了革命性的突破，它从生物遗传学的角度，帮助人类选择生育最健康的后代，为有遗传病的未来父母提供生育健康孩子的机会。

科学家在实验室中，可以为每一对选择试管婴儿技术生育儿女的夫妇，在试管中培育出若干个胚胎，在胚胎植入母体之前，可按照遗传学原理对这些胚胎作诊断，从中选择最符合优生条件的那一个胚胎植入母体。人类的某些遗传病是有选择地在不同性别的后代身上发病的。如男性血友病患者，一般来说他的儿子是正常的，而女儿或正常或携带血友病基因的概率各占一半；血友病患者如是女性，那她的儿子会发病，而她的女儿或正常或携带血友病基因的概率各占一半。营养不良、色盲等遗传病的原理与血友病相同。只要了解这种遗传特征，就可以对试管培育的胚胎细胞进行基因检测，选择没有致病基因的胚胎植入子宫，从而避免带有遗传病孩子出生。

试管婴儿技术不但能够解决妇女的不育症，还能为保存面临绝种危机的珍贵动植物提供有效的繁殖手段。此外还可以通过试管婴儿技术限制人口数量、提高人口素质。试管婴儿是现代科学的一项重大成就，它开创了胚胎研究和生殖控制的新纪元。

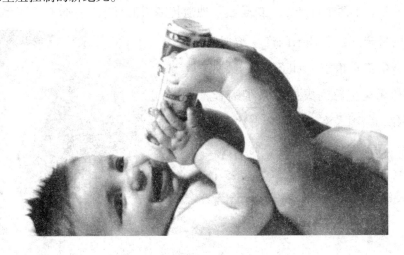

从伦理学范畴分析，试管婴儿技术产生的初衷是为了家庭的完整和社会的正常发展，对科学技术发展和社会道德伦理均有着支撑作用。试管婴儿技术的问世以及成功的案例一方面从根本上解决了生殖医学上的难题，人类通过人为方式控制了人类的生殖过程，将一个个带有缺憾的家庭又带回到快乐的生活中；但另一方面，试管婴儿技术的应用范畴拓宽，在某种意义上给予传统的家庭伦理、社会道德伦理等方面以强烈的冲击。

从人类进化的角度看，人类群体内存在部分不能生育的个体，是其生育能力经受自然选择的必然结果。有人便由此提出：用人工技术手段使其生育后代，与自然法则不相吻合，通过人工的方式干预自然生殖，与传统生殖相悖。

第一代试管婴儿实验是从有生殖器官功能障碍的母体内取卵，与其丈夫的精子在体外受精，然后移植回原母淬子宫内发育成熟，这其中没有夫妻之外的人参与，因此，应当说是没有什么伦理道德问题的。但在其后来的发展过程中却产生了很多伦理道德问题。如在夫妻中男方无法获取精子的情况下，运用其他男子精子与母体卵子实现体外受精，使其受孕，使得试管婴儿同时存在遗传学和法律上的两位父亲。如果一名提供者向若干受体母亲提供精子的现象发生时，由这些母亲生育的子女之间均为"同父异母"关系。他们之间完全有可能因互不知情而发生相互婚配，而由此产生的遗传上和伦理关系上的混乱是人们难以想象的。同理，如若"借用子宫"也使得婴儿存在两位母亲，一位是遗传学上的母亲，一位是具有生养关系的母亲。这些都打乱了传统的血缘关系和家庭伦理关系，这点也被很多强烈反对试管婴儿技术的人士所抨击。

"借用精子"和"借用子宫"产生的初衷是为了更多的家庭、更多的妇女实现自身孕育、血脉延续的梦想，但是，也不乏一些利欲熏心的人开始利用人们渴望实现孕育的心理，非法地出卖精子和代人孕育，从中牟取钱财。这里，精子和子宫被作为商品进行着金钱交易，使得单纯的人类繁殖过程被添加进了复杂的金钱因素，这是与传统伦理道德思想格格不入的。

克 隆 人

克隆技术不需要精子和卵子的结合，只需从动物身上提取一个单细胞，用人工的方法将其培养成胚胎，再将胚胎植入雌性动物体内，就可孕育出新的个体。这种以单细胞培养出来的克隆动物，具有与单细胞供体完全相同的特征，是单细胞供体的"复制品"。克隆技术的成功，被人们称为"历史性的事件，科学的创举"。有人甚至认为，克隆技术可以同当年原子弹的问世相提并论。

在理论上，利用克隆动物的方法，人们同样可以复制"克隆人"，这意味着，以往科幻小说中的独裁狂人克隆自己的想法是完全可以实现的。而且，即使是用于"复制"普通的人，也会带来一系列的伦理道德问题。因此，克隆羊"多莉"的诞生在世界各国科学界、政界及至宗教界都引起了强烈反响，并引发了一场由克隆人所衍生的道德问题的讨论。

继 2000 年一些组织和个人"遮遮掩掩"地提出克隆人类的试验后，美国先进细胞技术公司 2001 年 11 月 25 日宣布首次利用克隆技术培育出人类早期胚胎。目前科学界把对人体的克隆分为治疗性克隆和生殖性克隆。科学界和伦理界对治疗性克隆普遍支持。但生殖性克隆，即克隆完整的人则遭到很大的抵制。究其原因主要是因为目前的克隆技术相对粗糙，克隆人的质量难以保障。克隆人是单性生殖，从进化论的角度看，是一个粗糙的过程。克隆羊多莉的成功率是 1/227，而克隆人的成功率乐观估计也只有 2%—3%。而且克隆生物个体易产生畸形、死胎、流产、胎儿过大、早衰等情况。

医学家提出，从生物多样性上来说，克隆将减少遗传变异，提高了疾病传染的风险。通过克隆产生的个体具有同样的遗传基因，同样的疾病敏感性，

一种疾病就可以毁灭整个由克隆产生的群体，这对人类的生存是不利的。克隆技术的使用将使人们倾向于大量繁殖现有种群中最有利用价值的个体，而不是按自然规律促进整个种群的优胜劣汰，从而干扰了自然进化过程。

社会学家一致强调，从社会的角度看，作为社会主体的人类是不能随意制造的，否则生命将不会受到尊重，而且可能随意毁坏生命。况且，克隆人与真实的人完全不同，基因编码可以复制，但真实的人格和情感无法克隆。克隆会使人的不可重复性和不可替代性的个性规定，因大量复制而丧失了唯一性，丧失了自我及其个性特征的自然基础和生物学前提。

伦理学家尤其强烈地反对克隆人工程，他们认为克隆人还将对现有的社会关系、家庭结构造成巨大冲击。另外，克隆人的身份难以认定，使人伦关系发生模糊、混乱乃至颠倒，进而冲击传统的家庭观以及权利与义务观。克隆人还可能因自己的特殊身份而产生心理缺陷，形成新的社会问题。

现今支持克隆人的一个观点是，克隆人可以解决无法生育的问题。但也

有反对者马上提出：一个没有生育能力的人，克隆的下一代还会没有生育能力。被克隆的人虽然很优秀，但克隆出的人除血型、相貌、指纹、基因和本人一样外，其性格、行为可能完全不同。在克隆人研究中，如果出现异常，有缺陷的克隆人不能像克隆的动物一样被随意处理掉，这也是一个问题。因此在目前的环境下，不仅是观念、制度，包括整个社会结构都不知道怎么来接纳克隆人。尽管如此，克隆技术的巨大理论意义和实用价值还一直促使科学家们加快研究的步伐——克隆技术犹如原子能技术，是一把双刃剑，而剑柄掌握在人类手中。

2001 年 11 月，美国先进细胞技术公司宣布，该公司首次用克隆技术培育出了人体胚胎细胞。这一消息在世界各地引起轩然大波，反对之声此起彼伏。

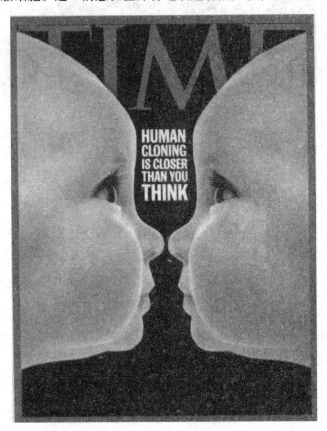

克隆人的争论登上《时代周刊》

虽然该公司称他们的目的不是克隆人，而是利用克隆技术治疗疾病，但还是遭到众多批评。当时的美国总统布什表示，百分之百反对任何形式的人类克隆。美国国会参议员则称，将会很快通过法案禁止所有克隆人研究。巴西、德国、意大利等国和欧盟的发言人也均对此发表反对意见，认为科学研究不应超过伦理界限，有必要加强立法。

不过，美国参议院多数党领袖迭施勒的态度比较中立，他建议国会应该把生殖性的克隆实验和治疗性的克隆区分开来。

世界上第一头克隆羊"多莉"的创造者之一维尔穆特赞同这一建议。维尔穆特一直反对克隆人，他认为，先进技术细胞公司更可能是出于商业目的，而不是技术上的考虑，从科学成就上来说，他们取得的不过是个小突破。

在科学界内，不少生物学家对这一做法则嗤之以鼻，认为这一实验结果没有科学意义，而且是对生物伦理的严重挑衅。法国国家动物克隆专家让·保罗·勒纳尔表示，先进细胞技术公司所使用的方法，实际上就是克隆多莉羊的方法，而且美国科学家仅获得含有 6 个细胞的人类早期胚胎远不能满足需要。

美国生物伦理学家麦吉博士甚至怀疑先进细胞技术公司宣布的真实性，因为实验的很多细节还没有公开。

光 纤

光纤是光导纤维的简写，它比头发丝还要细，是一种利用光在玻璃或塑料制成的纤维中的全反射原理而达成光传导的工具。

光导纤维在 20 世纪 20 年代就研制出来了，是用超纯石英玻璃在高温下拉制而成的，有很好的光导能力。但是，由于传输过程中能量衰减太大，因此没有实用价值。1966 年，英籍华人高琨博士发表了一篇著名的论文，首次提出：解决玻璃纯度和成分问题，就能够得到光传输衰减很小的玻璃纤维。1970 年。美国康宁玻璃公司首先拉制成功第一根石英玻璃光导纤维，并大大降低了能量在光纤中的衰减。到了 90 年代人们研制出了衰减率更低的氟化物玻璃纤维，这种高纯度氟化物玻璃光导纤维的传输能力也十分强，一次传送距离能长达 4 800 公里。

光导纤维的结构呈圆形，外层裹有低折射率的包层，最外面是塑料护套。特殊的材料，使光导纤维纤细似发，柔顺如丝，又具有高抗拉强度和大抗压能力。光导纤维的特性决定了其广阔的应用领域。由光导纤维制成的各种光导线、光导杆和光导纤维面板等，广泛地应用在工业、国防、交通、通讯、医学和宇航等领域。

光导纤维可以传输声音、图像和文字等信息。它的传导性能良好，适应高低温环境，抗电磁干扰，耐放射性辐射。光波在光导纤维中传播不向外辐射电磁波，有极高的保密特点。光导纤维传输的信息容量大，信息在光导纤维中以光速传送，速度无与伦比。光通信比电通信的容量要提高 1 亿—10 亿倍，一根光导纤维能同时传输 100 亿个电话或 1 000 万套电视节目，容量之大，难以想象。

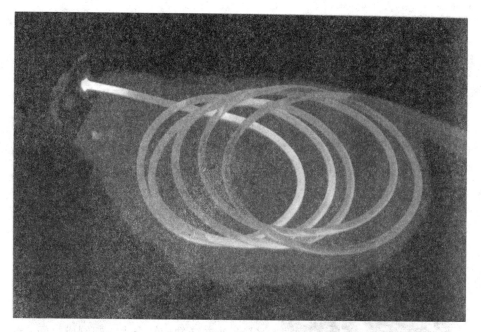

　　用光导纤维做成的内窥镜又软、又细、又能弯曲，当它被插入病人胃里时，病人不会有痛苦，除了胃，光纤内窥镜还可以用于食道、直肠、膀胱、子宫等深部探查。光纤内窥镜一方面可用来检查病人的脏器是否有病变，更主要的是可以将激光能量输入体内脏器中，对病变组织进行照射，或者加以切除，起到手术刀的作用。用光导纤维连接的激光手术刀目前已在临床应用。在照明和光能传送方面，光导纤维也大有可为。人们可利用塑料光纤光缆传输太阳光作为水下、地下照明。由于光导纤维柔软易弯曲、变形，可做成任何形状，以及耗电少、光质稳定、光泽柔和，色彩广泛，是未来的最佳灯具，如与太阳能的利用结合将成为最经济实用的光源。今后的高层建筑、礼堂、宾馆、医院、娱乐场所，甚至家庭可直接使用光导纤维制成的天花板或墙壁，以及彩织光导纤维字画等。光纤还可用于道路，广场等公共设施及商店橱窗广告的照明。此外还可用于易燃、易爆、潮湿和腐蚀性强的环境中以及不宜架设输电线及电气照明的地方作为安全光源。

　　在国防军事上，光导纤维也有广泛的应用空间。人们可以用光导纤维来

光纤圣诞树

制成纤维光学潜望镜，装备在潜艇、坦克和飞机上，用于侦察复杂地形或深层屏蔽的敌情。

在工业方面使用光导纤维，可传输激光进行机械加工；制成各种传感器用于测量压力、温度、流量、位移、光泽、颜色、产品缺陷等；也可用于工厂自动化、办公自动化、机器内及机器间的信号传送、光电开关、光敏元件等。

此外，光导纤维还可用于火车站、机场、广场、证券交易场所等大型显示屏幕；短距离通讯和数据传输；将光电池纤维布与光导纤维布巧妙地结合在一起制成夜间放光的夜行衣，不仅为夜行人起照明作用，还可提高司机的观察视距，能够有效地减少交通事故的发生。

海洋资源开发

20 世纪 60 年代以来，随着海洋调查技术的发展，人类对海洋资源的开发利用进入新时期。有人预言，到 21 世纪中叶，世界经济将全面进入海洋经济时代。

随着陆地油气资源的逐步减少甚至枯竭，海洋特别是深海开发石油、天然气已成为世界油气工业发展的重要趋势之一。在海底蕴藏着的大量石油，占世界石油储量的 45%；蕴藏的天然气总量占世界天然气储量的 50%。1938 年美国首次采用固定平台采油，之后又发明了座底式钻井船和自升式钻井平

台，使近海石油开采进入正轨。近几十年来，海洋油气开发使新的海洋产业发展迅速，并已成为当代海洋开发的龙头。目前全世界有 100 多个国家或地区从事海洋油气勘探开发，区域遍布除南极以外的世界各个近海。

地球上发现的 111 种化学元素，在海水中已找到 92 种，其中，有些元素的含量极大，如海盐，如果把全部海水蒸发干，则留在海底的盐的厚度可达 57～60 米；有些元素的含量极小，如每吨海水中只有 3 毫克铀，但整个海洋中的铀含量则高达 40 亿吨，是陆地上的储量的 4 000 多倍。在一

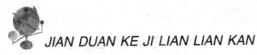

些国家，近海浅水区域的采矿已进行多年。如斯里兰卡的锡、南非沿岸的金刚石等，都已具有一定的开采规模。溴被称为"海洋元素"，地球上99%以上的溴都在海里，全世界所用的溴绝大部分是从海水中提取的。海水提镁也有50多年的历史。目前世界海水镁砂产量占全部镁砂产量的1/3。

海洋捕捞航海技术的发展使远洋捕捞船队日趋壮大。电脑和自控装置已用于渔船。各种探鱼仪、定位仪等已被大量使用，有的可探距离达6 000米，水深达3 000米。这些高科技产品大大提高了捕捞量。捕捞采用系统化作业，调查、捕捞和运输充分协调。大型捕捞船就像一座海上工厂，捕获物可在船上冷冻，甚至可立即加工成各种成品或半成品。目前世界各国每年从海洋中捕捞的水产品已达8 000多万吨。

海水养殖配合海洋生态保护，可在有限的海域获得更多的海产品。放牧式的海水养殖可提高渔获量4倍。俄罗斯因大量捕捞，其海域内的鲟鱼几乎绝迹，但经数年人工放养鱼苗等手段，已恢复了原有的资源和产量。海水养殖藻类还可获得天然气。美国人在20世纪70年代中期试办的巨藻海洋农场，能够年生产天然气6亿立方米，并获肥料95万吨，捕鱼量也增加18万吨。

水资源严重不足已经成为影响21世纪人类可持续发展的头等大事。工农

海洋养殖

业生产和人类生活需要大量淡水。但陆地水资源不足，许多地区严重缺水。海水淡化可提供几乎取之不尽的水资源。现在海水淡化技术已经比较成熟，尤其在中东地区海水淡化工业已很发达，如沙特阿拉伯、科威特等国，主要依靠海水淡化提供水源。可以预测，在不久的将来，人类依靠海水淡化技术一定能够彻底解决淡水资源危机。

海水的直接利用也在许多发达沿海国家展开，其主要用途是工业冷却。海洋还蕴藏着丰富的可再生能源，包括潮汐能、波浪能、海水温差能、海流能、盐差能等。科学家估计这些能源的理论蕴藏量约有 1 500 多亿千瓦，可开发利用的有 70 多亿千瓦，相当于目前全世界发电能力的十几倍，在人类未来的能源供应中有重大的意义。

另外，近年来对海洋空间新的开发利用层出不穷，特别是一些国土狭小的国家积极向海洋延伸，在海洋上建设各种生产、生活、娱乐设施，创造了一系列世界奇迹，如日本、阿联酋等国的人工岛屿的建设与开发。

遥感技术

　　遥感一词来源于英语 "Remote Sensing"，其直译为"遥远的感知"，是20世纪60年代发展起来的一门对地观测的综合性技术。遥感技术开始为航空遥感，自1972年美国发射了第一颗陆地卫星后，就标志着航天遥感时代的开始。20世纪80年代以来，遥感技术得到了长足的发展，遥感技术的应用也日趋广泛。经过几十年的迅速发展，遥感技术已广泛应用于资源环境、水文、气象、地质地理等领域，成为一门实用的、先进的空间探测技术。

遥感是利用遥感器从空中来探测地面物体性质的，它根据不同物体对波谱产生不同响应的原理，识别地面上各类地物。具有遥远感知事物的意思，也就是利用地面上空的飞机、飞船、卫星等飞行物上的遥感器收集地面数据资料，并从中获取信息，经记录、传送、分析和判读来识别地上物体。

遥感作为一门对地观测综合性技术，它的出现和发展既是人们认识和探索自然界的客观需要。更有其他技术手段与之无法比拟的特点。

遥感探测能在较短的时间内，从空中乃至宇宙空间对大范围地区进行对地观测，遥感用航摄飞机飞行高度为 10 000 米左右，而陆地卫星的卫星轨道高度达 91 万米左右，一张陆地卫星图像，其覆盖面积可达 30 000 多平方公里。这些有价值的遥感数据拓展了人们的视觉空间，为宏观地掌握地面事物的现状情况创造了极为有利的条件，同时也为研究自然现象和规律提供了宝贵的第一手资料。这种先进的技术手段与传统的手工作业相比是不可替代的。

遥感技术获取信息的速度快、周期短，能动态反映地面事物的变化。由于卫星围绕地球运转，能周期性、重复地对同一地区进行对地观测，从而及时获取所经地区的各种自然现象的最新资料。尤其是在监视天气状况、自然灾害、环境污染甚至军事目标等方面，遥感的运用就显得格外重要，这是人工实地测量和航空摄影测量无法比拟的。

在地球上有很多地方，自然条件极为恶劣，人类难以到达，如沙漠、沼泽、高山峻岭等。采用不受地面条件限制的遥感技术，特别是航天遥感可方便及时地获取各种宝贵资料。

利用遥感技术获取信息手段多，信息量大，根据不同的任务，遥感技术可选用不同波段和遥感仪器来获取信息。例如可采用可见光探测物体，也可采用紫外线、红外线和微波探测物体。利用不同波段对物体不同的穿透性，还可获取地物内部信息。例如，地面深层、水的下层，冰层下的水体，沙漠下面的地物特性等，微波波段还可以全天候地工作。

目前，遥感技术已广泛应用于农业、林业、地质、海洋、气象、水文、军事、环保等领域。

将遥感技术应用于大面积的地质灾害调查，可达到及时、详细、准确且经济的目的。在不同地质地貌背景下能监测出地质灾害隐患区段，还能对突发性地质灾害进行实时或准实时的灾情调查、动态监测和损失评估。特别是在大规模地质灾害的后续救援工作中，遥感技术可以发挥突出作用，第一时间提供地质地貌变化情况。

伴随着社会的进步和发展，气候变化、环境污染成为了人类世界所面临的发展瓶颈。遥感技术应用于宏观生态环境的监测，具有视野广阔、获取的信息量多、效率高、适应性强、可用于动态监测等众多优点。为此，采用卫星遥感这一面向全球的先进技术，是环境科学研究的必要途径，它不仅可以为人们提供大面积、全天时、全天候的环境监测手段，更重要的是能够为我们提供常规环境监测手段难以获得的全球性的环境遥感数据。这些数据将成为我们进行环境监测、预报和科学研究不可缺少的基础。

遥感技术应用于环境监测上既可宏观观测空气、土壤、植被和水质状况，为环境保护提供决策依据，也可实时快速跟踪和监测突发环境污染事件的发生、发展，及时制定处理措施，减少污染造成的损失。其从空中对地表环境进行大面积同步连续监测，突破了以往从地面研究环境的局限性。

农业气象灾害对国民经济，特别是对农业生产会造成极为不利的影响。利用遥感技术，可以绘制更加清晰、形象的气象图；进行气候资源监测评价、气象灾害评估、气象灾害预警、气候分析评价等气象服务；建设基于遥感技术和地理信息系统，支持农业气象灾害监测系统开发；利用气象数据，结合背景资料对危害区域、危险程度、受害作物面积进行分析、计算、评估，预测洪涝灾害的演进规律，提供受灾区域、受灾人口与损失估算报告，并根据已有的抗洪措施形成后期应急反应方案以及防灾系统建设方案。

近年来，海洋渔业遥感技术的研究和应用，受到各相关渔业科研单位和大学的广泛关注和重视。遥感技术应用于海洋渔业，具有大面积观测和实时动态监测的优点，可以获取多种海洋环境要素信息，对预报渔场渔情信息是一种十分理想的手段。

遥感技术为流行病学研究开辟了新的途径。为应付未来突发事变，可利用遥感技术提供目标地区的流行病学疾病预测资料，以制订卫勤保障计划，保障部队战斗力。美国军方从1982年以来就运用遥感技术开展了大量研究，他们以降雨量和气温以及通过遥感技术获取的数据为参数，预测了菲律宾血吸虫病的流行区分布，并用来计算美军军事演习期间可能由于血吸虫病而导致的潜在伤亡数。另外还将遥感技术应用于战争时区别自然状态的疾病暴发与由于使用生物战剂引起的疾病暴发的研究。

遥感技术测绘的气象图

基于遥感技术的农业气象监测系统

在未来的 10 年中，预计遥感技术将步入一个能快速、及时提供多种对地观测数据的新阶段。遥感图像的空间分辨率、光谱分辨率和时间分辨率都会有极大的提高。其应用领域随着空间技术发展，尤其是地理信息系统和全球定位系统技术的发展及相互渗透，将会越来越广泛。

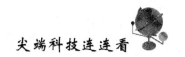
军事高科技

军事上的需要是军事高科技发展的主要推动力。二战中，为满足战争的需要而研制的雷达、核武器、V1 和 V2 导弹及 1946 年研制成功的电子计算机，揭开了 20 世纪 60 年代高科技发展的序幕。20 世纪 50 年代至 90 年代，大国间激烈的军备竞赛，使得以核武器技术、导弹技术、计算机技术、微电子技术、航天技术为代表的军事高科技群体异军突起。70 年代开始，以信息产业为代表的高科技蓬勃发展，高科技武器装备大量研制成功并登上了战争舞台，同时，许多传统的常规武器也因采用高新技术手段加以发展而使战术技术性能得到了极大提高。再加之 80 年代爆发的几场局部战争，军事高科技的发展更引起了世界各国的广泛注意和高度重视。可以说，世界已进入高科技局部战争阶段。

军事高科技的主要领域表现在两个方面：一是支撑高科技武器装备发展的共同的基础技术，包括微电子技术、光电子技术、电子计算机技术、新材料技术、新能源技术、动力技术、先进制造技术和仿真技术；二是应用于武器装备的应用性高科技，包括侦察监视技术、电子战技术、精确制导技术、航天技术、伪装与隐身技术、指挥自动化技术、核生化武器技术、新概念武器技术等。

现代高科技在军事方面具体表现主要为：

军用微电子技术

被称为武器装备"心脏"的军用微电子技术，是现代军事技术的核心和基础，其广泛应用于雷达、计算机、通信设备、导航设备、火控系统、制导设备和电子对抗设备等各类军用设备上。在现代高科技武器装备中，微电子装备的费用已占武器成本的一半以上。

从近期发生的几场局部战争看，军用电子技术已从作战保障跃为作战手段，成为现代作战行动的先导，并贯穿于战争的全过程。国外的一些军事专家把电子技术比作为高科技武器的"保护神"，将其视为与精确制导技术、自动化技术系统并列的高科技战争中的三大支柱之一。

军用光电子技术

光电子技术是光波段的电子技术。军用光电子技术是电子技术的发展和补充，它大大扩展了军用电子装备的功能和应用范围。20 世纪 50 年代，硫化铅探测器被用于响尾蛇导弹，开创了军用光电子技术的先河。自从 1960 年世界上第一台红宝石激光器诞生之后，光电子技术几乎每年都有新的突破。激光测距、光电火控、光电制导、光电监视、预警、侦察、光纤通信等一系列军用光电子技术应运而生并被广泛应用，成为高科技武器装备中必不可少的组成部分。

目前，光电子技术领域主要涉及光电子元器件及材料和光电子应用技术两个方面。光电子技术的发展和进步，从根本上讲，有赖于光电子元器件及其材料的技术突破和提高，同时，还有赖于一些配套技术，如制冷、光学薄膜、精密光学元件、封装等技术的配合。

军用计算机技术

第二次世界大战期间，由于军事上的需要，导致了电子计算机的产生。电子计算机从诞生到如今仅仅 50 多年，从采用电子管到大规模集成电路已做了四次重大更新。未来的计算机，本质上是一种高速自动化的信息处理系统，可以处理各种模式的信息，更完善地模拟人脑的功能。军用计算机及其技术的发展和应用，不仅成为现代军事科技、各种军事系统和武器系统研制开发的重要物质基础和技术支柱，而且是现代战争作战指挥、通信联络、后勤保障等诸多决定战争胜负关键因素的依靠和保证，并业已或正在对传统的军事理论和军事观念产生着巨大而深远的影响。

侦察监视技术

1905 年 5 月，无线电侦察在日本和沙俄之间进行的一场战争中得到的实战应用，拉开了电子战的序幕，也使侦察监视手段进入电子信息时代。1911 年 10 月，飞机第一次被用于空中侦察。1912 年 2 月，照相机被第一次用于空中侦察。1926 年，奥地利的劳里发明了可使用的雷达，此后雷达被大量应用于二次大战。到 1961 年 1 月，美国发射了世界上第一颗侦察卫星。60 年代出现了预警机。1978 年美国空军研制成功电子固态广角照相系统，出现了固态照相机。

目前，侦察监视技术的应用范围主要包括预警与监视、战场情报侦察等技术。它所采用的侦察设备器材或系统，主要有雷达、电子探测器、红外探测器、激光探测器、可见光探测器、水声探测器等。

军用通信网络技术

19 世纪 30 年代后，有线电和无线电通信相继问世，军事通信发生重大变革。20 世纪初，陆军中装备了野战无线电通信，海军中有了舰对舰、岸对舰无线电通信。空军于 1912 年实现了空对地通信。第一次世界大战时，参战国使用埋地电缆与被覆线路传输电报、电话信号；有的参战国无线电配备到营一级指挥所。第二次世界大战期间，出现了野战电话机、交换机、电传打字机、传真机和调幅、调频无线电台等通信设备。

第二次世界大战后，军事通信技术有了重大发展，相继出现了散射通信、

"黑鸟" SR-71 侦察机

微波接力通信、卫星通信和光纤通信。60 年代后，数据网和计算机网被用于军事通信，提高了通信保障的自动化水平与快速反应能力。80 年代开始研究的综合业务数字网，在通信联络组织上，注重通信联络的整体保障，形成多手段、多方向的迂回通信。

军用新材料技术

材料是人类社会划时代的里程碑。19 世纪末至 20 世纪上半叶，合成化学工业迅速发展，人们用人工的方法合成了塑料、橡胶和纤维等高分子材料，改变了单纯依赖自然恩赐的状况。20 世纪中叶以来，在传统的陶瓷、玻璃、水泥等硅酸盐材料和传统的钢铁材料的基础上，又出现新一代的无机非金属材料和特种功能材料，例如精细陶瓷材料，光导纤维材料，碳、硼纤维材料，金晶态金属材料，记忆合金材料等。这些新材料的出现，大大促进了集成电路、电子计算机、宇航工业和原子能工业的发展，使人类跨进了以微电子技术为中心的信息时代。

军用新材料技术是新一代武器装备的物质基础，也是当今世界军事领

域的关键技术。金属结构材料、陶瓷结构材料、高分子结构材料和复合材料等结构材料成为制约武器装备发展的瓶颈；隐身材料、防护材料、致密能源材料以及信息智能材料等功能材料成为热门的研究课题。近年来，还出现了结构材料功能化和功能材料结构化的趋势，并形成兼有多种功能的多功能材料。

军用制造技术

人类的两次世界大战期间，武器装备的大规模制造依赖于庞大的机械制造业，20世纪50年代以后，新的技术革命带来了自动化时代。机械制造由于采用了电子计算机和各种电子设备而进入了崭新的自动控制的发展阶段。60年代以来，机械制造与微电子技术和计算机技术日益融为一体，机电一体化技术得到迅速发展。数控机床的大量使用，计算机等新技术的应用，使军事制造技术不断向高新技术方向发展。

军用动力技术

自从1937年英国研制成功涡轮喷气式发动机以后，军用飞机发动机便开始采用涡轮喷气式发动机。60年代后涡轮风扇式发动机研制成功以后，涡轮喷气式发动机又逐步退出了历史舞台。目前，世界在役的军用飞机发动机以加力式涡轮风扇发动机为主，涡轮喷气发动机只在有限的范围内应用。

先进的综合式坦克装甲车辆推进系统主要在现有的动力装置（柴油机、燃气轮机等）、综合液力传动装置、被动式综合悬挂装置技术的基础上，通过提高部件的紧凑性及系统的综合性与紧凑性，得到高功率密度（体积功率密度）的整体式动力传动装置和重量轻、可靠性高的被动式综合行动装置或半主动式行动装置，实现电推进系统在车辆上的应用。

以前，水面舰艇分别使用核动力、蒸汽动力装置、燃气轮机、柴油机，以及燃气轮机和柴油机按不同方式组合的各种联合动力装置。核潜艇动力装置绝大部分为加压水反应堆，少量采用液态金属反应堆。常规潜艇的动力装置，目前基本上都采用柴油机电力推进装置。

军事航天技术

军事航天技术的发展，已使战场从陆地、海上和空中延伸到太空。太空已成为军事争夺最激烈的场所，军事航天系统在局部战争中得到了逐步应用，并显示了极大的潜力。被称为第一次"空间战争"的海湾战争，以美国为首的多国部队广泛运用了现已装备的各种军事航天系统，在侦察监视、通信指挥、导航定位等诸方面发挥了决定性作用。到目前为止，各种军事活动对空间系统的依赖性越来越大，外层空间即将成为继陆地、海洋和空中之后的第四战场。

核潜艇

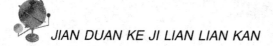
军事海洋技术

1942 年，美国研制成功测量水温跃层的温深仪，并发明使用天气图预报波浪的方法，在北非和诺曼底登陆作战中获得实际运用。1960 年，美国研制出"迪里雅斯特"号深海潜水器，成功地下潜到世界最深的查林杰海渊，开创了深海探索的新时代。70 年代以来，空间遥感观测技术应用于海洋，使海洋调查观测手段和方法发生了革命性的变革，调查效率成百倍地提高。1993 年，日本建成能下潜到 1 万米深的无人无缆自动潜水船。

现代科学技术的迅速发展，为军事海洋技术的研究开拓了新的途径。随着海洋卫星、遥测、遥感、激光、光纤、水下电视、声纳、深潜器、饱和潜水等新技术在海洋开发中的应用，对海洋现象的认识将不断深化。军事海洋技术的研究将逐步趋于远洋、深海，并重点加强水声技术和海底军事利用的研究。当前和今后一段时间，军事海洋技术的主要研究方向有：海洋环境效应、自主式水下无人智能巡航器技术、海洋信息观测、传输、接收和处理技术、海洋水声技术和海洋遥感遥测技术等。

伪装与隐身技术

军事伪装的技术措施主要包括：天然伪装、迷彩伪装、植物伪装、人工遮障伪装、烟幕伪装、假目标伪装、灯火与音响伪装等。这些伪装技术措施，

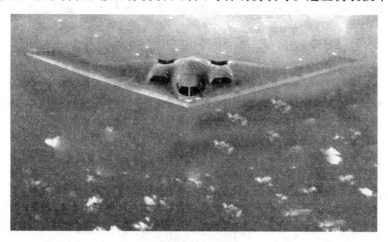

Spirit 重型隐形轰炸机

含有越来越多的高科技成分，而且能够起到重要作用。

隐身技术几乎可以说是与1935年英国雷达技术用于防空同时出现的。第二次世界大战期间，德军设计飞翼式喷气试验机和在潜艇上使用吸波材料，是今天雷达隐身技术中隐身外形和隐身材料技术的首次应用。70年代中期，美国提出的各种隐身飞行器方案设想、结构外形已应用了红外抑制技术的研究成果，并开始设计研制F-117A隐身战斗机。70年代末，美国采用系统工程的方法进行隐身技术综合应用研究，缩短了将先进技术转化为先进武器的周期。自80年代以来，隐身技术逐渐成熟并达到了实用化水平，并且其发展势头相当迅猛。

精确制导技术

所谓制导，是指令飞行器按一定规律飞向目标或预定轨道的技术。制导技术最早出现在第二次世界大战期间。当时的德国研制出第一枚无线电制导的滑翔炸弹，尔后，又研制出V1、V2惯性制导导弹，并用于攻击伦敦。20世纪70年代中期，"精确制导技术"的概念被正式提出。

包括战略战术弹道导弹、巡航导弹等在内的各种精确制导武器的研制成功，并用于作战，已对现代战争产生了重大影响。

电子战、信息战技术

第一次世界大战期间，电子战是以施放无线电干扰为主要斗争手段。第二次世界大战中，德国空军依靠电波引导，在夜间对英国的纵深地带——考文垂市进行了准确有效的轰炸，揭开了航空电子战的序幕。1944年6月，英、美联军在法国诺曼底登陆战役中的电子战，是历史上规模最大的一次电子战。90年代初的海湾战争中，电子战更以全新姿态登上战争舞台，使人耳目为之一新。电子战的主要技术领域有雷达对抗、通信对抗、光电对抗以及水声对抗。

信息战是在信息领域进行的作战或采取的对抗行动。信息战技术及作战方式正在研究和发展之中，主要包括指挥与控制战、情报战、电子战、心理战、"黑客"战、经济信息战及电脑战或网络空间战。

自动化系统指挥技术

军事的高科技化对现代战争的重大影响之一，是使其作战领域明显扩大。兵力兵器远距离作战能力的提高，使作战空域向大、纵、深发展，也使作战行动更加强调实施大、纵、深，作战行动更加强调"空地一体"、"海空一体"，甚至"陆海空三位一体"的立体化作战。

传统的自上而下的高度集中的"树状"指挥体系已经过时，取而代之的将是扁平型"网状"指挥体系。自动化指挥系统将成为一种典型的指挥模式。这是一种人、机结合的指挥自动化系统，它通过部署在地面、空中和空间的各种探测器或传感器自动搜集各种信息，并通过计算机实时处理战场信息，提供有关数据，帮助进行决策，拟定作战方案，下达作战命令。这是一个集战场感知、信息融合、智能识别、信息处理、武器控制等核心技术为一体、旨在实现军事指挥自动化的综合电子信息系统，它几乎涵盖了战场上所有的军事电子技术功能和装备，受到了世界各军事大国的高度重视。

二、新材料：未来的希望

多孔性金属

金属也可以像泡沫塑料吗

如果有人告诉你，一块铁可以像泡沫塑料一样地在水中浮起来，你会相信吗？通常我们所见到的金属材料大都是致密的，一般都很坚硬。但是如果采用特殊的生产工艺也可使金属内部产生很多孔隙，这种金属被称为多孔性金属。

多孔性金属可以分为多泡性金属和通气性金属两类。两者的区别是前者的孔隙是独立的，和外部没有联系，就像我们日常生活中所见到的蜂窝一样（不过，多孔金属的孔可没有蜂窝的孔那么大，它的孔是极其细小的，甚至我们肉眼都看不到），而后者是连续相通的。

多孔性金属中孔隙占总体积的百分数称为孔隙度，它是衡量多孔体金属的重要指标，孔隙度越大，说明金属里面的孔隙越多。大家想想，如果把它放大，是不是很像泡沫？所以，人们把孔隙度达到90%以上，具有一定强度和刚度的多孔体金属称为泡沫金属。这种金属孔隙含量高，而且孔隙直径可达毫米级，几乎是连通孔，因而它属于通气性金属。

用泡沫铝材制作的管道吸声器

泡沫金属可以达到省能源、省资源的目的，适应现代工业制品发展的需要。与块状材料相比，泡沫金属具有以下几个特点：

第一，质量轻。同样体积大小的金属，其中所含的孔隙越多越大，就越轻。当孔隙度为90%时，大部分金属比相同体积的水还要轻。当孔隙度达到90%以上，铁就可以成为在水上漂浮的泡沫铁。但是，孔隙的大小和在金属内部的分布是不是均匀也很重要，否则即使金属的孔隙度再高也可能浮不起来。所以，如何使孔隙大小均匀分布，是制造泡沫金属的一个关键和难题。

第二，强度随孔隙度的增加而降低，在较大的压力下容易发生较大的形变，所以泡沫金属具有很好的吸收能量的功能。

第三，导热率随孔隙度的增加而降低。如孔隙度达到50%以上时，热传导要下降几十倍。这样它对热的传导变得很慢。

此外，泡沫金属还有在较宽频率范围内较好的吸音特点，有很强的屏蔽电磁波和良好的耐热性能。

泡沫金属

目前，用于制造多孔金属材料的金属主要有铜、银、钛、镍及其合金和不锈钢等。制造多孔金属材料主要采用以下几种方法：热挤压法。如铝、镁及其合金粉末与某些碳酸盐混合，在热挤压下成型，在更高温度下发泡，可以制成多孔性材料。

熔融金属法。这是指低熔点的金属在熔融状态时加入某种发泡剂，在强力搅拌下达到使气体分布均匀从而使金属中产生气泡的方法。通常，为了得到缺陷较少的铸件，要利用流动性较好的金属，以减少熔融金属中吸附的气体，因为金属中含有气泡会降低金属的强度。但制造多孔性金属的方法则正好相反，它要的就是金属中的气泡，而且要达到很高的比例，因此要使熔融金属的粘度增加，使其中的气体不易脱出，并把气体在金属内部凝固下来。

粉末冶金法。烧结性多性体材料是研究最多、应用较为成熟的多孔性材

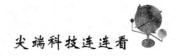

料。该方法是在粉末中加入发泡剂，烧结时发泡剂挥发，留下孔隙。

电化学沉积法。利用发泡程度很高的塑料骨架，用电镀的方法将金属沉积上去，然后把塑料烧去，同样也会留下孔隙。

铸造法。利用金属的吸气——放气现象进行铸造的方法。

多孔体金属的用途很广，作为结构和装饰材料，已在建筑、运输设备、住宅建设等方面获得日益广泛的应用。以发泡铝为代表的泡沫金属，具有质轻、刚性好、吸音、隔热、屏蔽电磁波、耐冲击和易加工等特点，大量用于隔音壁、隔音室、录音录像的房间、防震材料、电磁波的屏蔽材料和其他各种建筑材料等。

神奇的微晶玻璃

微晶玻璃是由微小晶体组成的玻璃，为玻璃家族中具有独特结构和特性的成员。由于它和陶瓷有着相似的结构，所以又被称为"玻璃陶瓷"。

玻璃在一般情况下属于非晶态固体物质。但是，它的这种结构是不稳定的，在温度达到 900～1 000 摄氏度的时候，就会析出晶体，形成按一定规则排列的分子结构。

制造微晶玻璃，就要创造一种使它能够析出晶体的条件。条件之一就是要达到一定的温度，条件之二是提供结晶的核心。除了玻璃自身成分可以作为结晶的核心外，许多金属元素和化合物也可以作为结晶的核心。在熔炼成

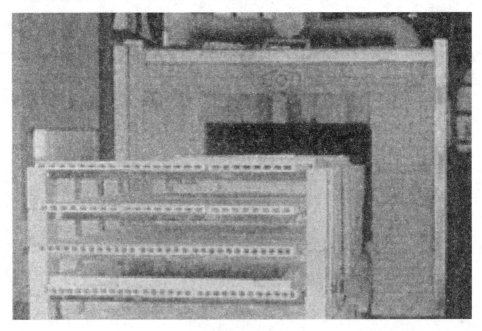

生产微晶玻璃的窑炉

微晶玻璃板材

型后，利用紫外线照射并进行热处理，或直接进行热处理，就可以使结晶核心像种子发芽一样生长出许多微小晶体。其直径为 1 ~ 2 微米（1 微米为 100 万分之一米），只有头发丝直径的几十分之一。

根据制作过程的不同，微晶玻璃可以分为光敏微晶玻璃和热敏微晶玻璃。利用紫外线照射而成的微晶玻璃，称为光敏微晶玻璃；没有用紫外线照射，只通过热处理形成的微晶玻璃，称为热敏微晶玻璃。

目前，人们已经制造出一千多种不同成分的微晶玻璃，它们虽然具有各种不同的性能，但仍然有许多共同的特点。它的硬度高，抗弯强度是普通玻璃的 7 ~ 12 倍，软化温度非常高，在 900 摄氏度以上的高温时，即使突然投入水中也不会炸裂。它的膨胀系数可以调整，甚至可以为零。正是由于它所具有的优异特性，在各个领域发挥出新奇的作用。

例如，经过精心制作的光敏微晶玻璃，具有良好的电学性能和化学加工

微晶玻璃应用于建筑行业

性能，可以用来制造印刷线路板的基片和镂板，还可以制造射流元件，利用它的化学蚀刻功能，可以在指甲那么大的玻璃上打出上万个孔。利用光敏微晶玻璃制成的高级装饰品和艺术珍品，工艺精湛，造型美观，深受人们的欢迎。

利用某些微晶玻璃所具有的热缩冷胀的特性，灵活调整它的膨胀系数，可以广泛用于热工仪表、厨房用具、医学和建筑材料等领域。利用微晶玻璃做成的凹镜，精度不受环境温度的影响，在大型反射式望远镜中大显身手。

微晶玻璃容易进行成型加工，在短时间内可以耐高温，可以用来做导弹的弹头防护罩，在导弹飞行时能辐射大量的热，从而能够降低导弹温度。此外，还可以用作火箭、人造卫星和航天飞机的结构材料，在机械工业上制造滚动轴承、高速切削刀具、热交换器等耐磨、耐热的机械零件。一些特殊性能的微晶玻璃还可以用来加工成人工关节、人工牙等人体部位的代用品。

近几年，日本新建的车站或者车站翻新时，其内、外墙大多改用微晶玻璃板，如名古屋附近的车站、箱崎地铁站等。另外，在为数众多的商业建筑、娱乐设施及工业建筑的饰面装修中采用微晶玻璃者更可谓比比皆是。这些建筑物改变了都市、乡村的风貌，实实在在显示了微晶玻璃板势必成为21世纪建材界的新宠。

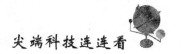
高科技特种玻璃

微晶玻璃已经够神奇的了，现在，我们再来了解几种特殊的高科技玻璃。

能储存光的玻璃

日本住友光学玻璃公司成功开发了一种能贮存光的特殊玻璃。当光束照射在这种玻璃上的时候，它可以储存光能，然后，以长时间发光的形式将所储存的光能逐渐释放出去。这种玻璃是一种氧化物玻璃，在制作中添加了硫化锌和少量铜及放射性元素镭和钷，并经过严格的环境保护处理后制出成品。这种玻璃在用水银灯照射 1～30 分钟后，可以持续发出浅绿色的光，发光时间可以达到 12 小时以上。用远红外线激光进行照射时，则会引起绿光辐射激烈发光现象。目前，这种玻璃被用于制造医疗领域的记录材料，建立室内暗处照明的安全设施，还可以用来建造利用太阳光的节能设施。

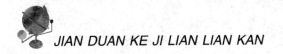

能自我清扫的玻璃

　　司机在雨天开车必须使用雨刷来帮助清洁挡风玻璃，但是还是会有水渍，内表面又容易因为蒸汽起雾，影响行车安全。日本科学家发明了一种可以自我清洁而不结雾的玻璃。这种玻璃的表面具有"双重可湿性"，可以同时沾上水和油两种液体，所以，当玻璃上有水气的时候便会在整个玻璃表面上扩散开来，而不会凝成水珠。此外，水在这种玻璃上可以渗透到油性污物中，将油污冲洗掉，从而具有很强的自净能力。有人做过这样的实验，在向玻璃喷水气的时候，普通玻璃已经结满了雾珠，而这种玻璃却依然可以透过文字和图片供人们阅读。

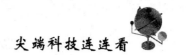

能吸收光能的玻璃

　　瑞士化学家迈克尔发明了一种可以发电的太阳能玻璃。这种玻璃有夹层，在这两层玻璃之间加进了超薄化合物，这种化合物可以吸收光能，还可以导电。当太阳光照射这种玻璃的时候，化合物可以吸收光能，转化为电能并储存起来，这时，只要用导线接通，就可以用于照明或为其他电器供电。现在，每平方米太阳能玻璃可以发出 150 瓦的电力。

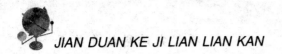

会变颜色的玻璃

　　德国皮尔金顿公司研制出一种变色玻璃。这种玻璃的表面镀有一层超薄氧化钨涂层，在该涂层上通过低电压的时候，氧化钨的氧化状态会发生变化。通过控制电压的高低，可以使玻璃发生由完全透明到深蓝等多种颜色变化。

变色玻璃可以自动调节建筑物内部的光线明暗

安装了特种玻璃的建筑物

几乎所有的银行金融机构都会在柜台安装防弹玻璃

当室外光照过强时，玻璃颜色会逐渐变深，既可以防止室内温度过高，也有助于减少电脑电视屏幕等可能对人眼造成的反光。当室外光线微弱的时候，玻璃又会逐渐变得透明，以增加透光性。建筑物装配上这种玻璃后，能够整体或单片与建筑物电力管理系统相连，发挥天然"空调"的作用。测试表明，节能效率最高的时候，它能够使对建筑物进行内部调温所需的能量节省一半以上。

玻璃微珠

你看过露天电影吗？平常我们看电影得去电影院，电影开始放映时，必须关闭所有灯光，在黑暗中才能保证清晰地看到电影画面。但是，国外却有一种大白天在露天放映的电影，一样可以看得清清楚楚。为什么呢，秘密就在于它的银幕。

"白昼电影"的银幕是由一种玻璃物质构成的，这种银幕会使电影画面显得更加清晰。从表面上看，好像银幕是由粉末状的物质构成的，但如果把它放在光学显微镜下观察，则发现是粒度十分均匀的球形颗粒。直径只有头发丝一般大小，用眼睛很难分辨。这些微小的玻璃珠对光线有很强的反射作用，

使用玻璃微珠制成的银幕，这样的露天电影在白天同样可以观看

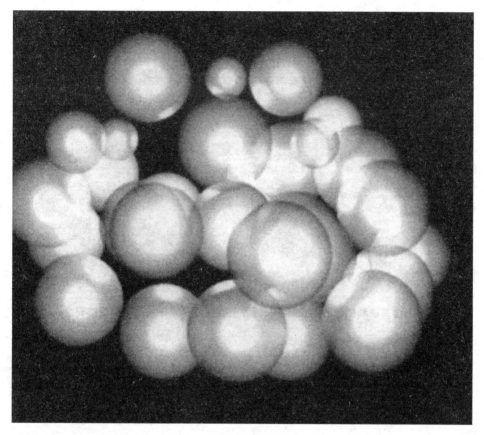

放大镜下的微珠玻璃

光线从哪个方向射过来都可以向原来的方向反射回去，而且亮度很高，即使在白昼，人们也能够很清晰地看到银幕上的画面。

那么，玻璃微珠是怎么得到的？

玻璃微珠是在比较复杂的技术条件下获得的。它的原料具有较高的折射率，加上在玻璃中含有很高折射率的重金属氧化物，放进电炉或煤气炉中进行高温熔融。直到原料变得均匀清晰时，取出进行迅速冷却、粉碎、筛选，制成大小适宜但形状不规则的颗粒。然后，采用等离子喷涂技术，将它们制成透明、均匀的球形玻璃微珠。

经过一系列复杂的工艺流程生产出的玻璃微珠，具有耐水、耐酸等优良的性能。特别是它的折射率很高，当光线射入时，玻璃微珠就像一面微型凸

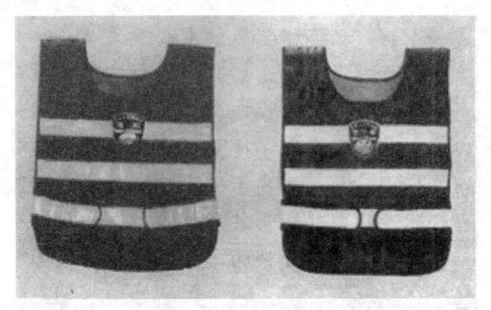

穿上含有玻璃微珠的反光服，交通警察在夜间执行任务时就会更加安全

透镜，能够将光线有效地折射回去。

　　在现代社会不断进步和发展中，玻璃微珠有着越来越重要的作用。除了可以做成新奇的露天电影银幕之外，还可以制成各种定向反光膜，广泛用于各类交通标志，如道路标志、汽车牌号、桥梁隧道入口标志、救生用具反光标记、航标和机场信号牌等，还能用来制成彩色印花反光织物，这种织物可以制作矿山、消防、环卫等部门的工作服，以及其他反光衣物，为减少事故、改善管理、提高效率起到极为重要的作用。

玻璃纤维，性能超群

我们日常穿的衣物，如羊毛衫、棉毛裤，都是由动物纤维或植物纤维纺织得到的。玻璃纤维，顾名思义是一种玻璃呈纤维状的材料。它种类很多，包括了硅酸盐纤维、硼酸盐纤维、碳化硅晶须等，甚至也包括碳纤维，即所有的非金属纤维。

人类认识纤维的历史很久远。古埃及人在制作陶器的时候，就已经知道从半熔石灰石和碳酸钠混合料中快速抽出一两根纤维，用于装饰当时极为珍贵的陶器表面。20 世纪 40 年代，人们开始用高速旋转的装置从熔融玻璃中抽拉出直径几个微米（一微米为 100 万分之一米）的连续纤维，并开始将熔融玻璃或其他岩石用火焰喷吹成棉状纤维，开创了现代玻璃纤维工业。

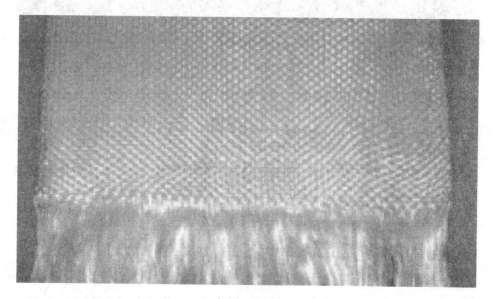

玻璃纤维制品

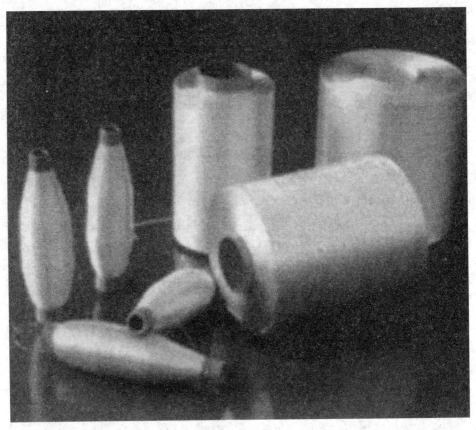

玻璃纤维纱

　　玻璃纤维有许多引人注目的性能：质量轻、强度高、绝缘、防腐、防高温。它的抗拉强度远超过钢铁，可以纺织、缝编，易于与各种材料复合。其重要用途是用来制造纤维增强材料。纤维增强材料就是两种或两种以上的纤维、基材的复合材料，在天然的物质中，这种材料十分罕见，但它却存在于我们的生物肌体中，如骨骼、肌肉纤维等。纤维增强材料的重要特点是具备纤维和基材都不具备的新特征。

　　光导玻璃纤维的出现和光线传输技术的发展，使光线能够通过光纤穿越遥远的路程，而光纤通讯在网络中的应用，构成了信息时代的基础之一；电绝缘用玻璃纤维也是玻璃纤维中的重要一员，尤其是用玻璃纤维制作的印刷电路板是各类电脑、电器的必备材料；棉状玻璃纤维则在建筑领域大显身手，

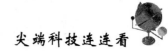

用它制成的建材轻质、保温、吸音、防火、隔热，满足了现在家庭无噪音、温差小、低能耗的要求。另外还有导电玻璃纤维、半导体玻璃纤维和耐辐射玻璃纤维等，在各个方面有着广泛而重要的用途。

　　一根根细细的玻璃纤维，就这样为我们编织出了一批性能超群的新材料，支撑着各不同领域的发展。

一块普通的电路板

生物替代材料

　　20 世纪 30 年代，科学家开始研制一种新型材料，它不是用来建造房屋，而是用来"修补"我们的身体的，这种材料就是生物医学替代材料。对生物医学替代材料的研究在近 20 年内得到了飞速发展，已被许多国家列为高新发展规划项目，并迅速成为竞争激烈的世界性高技术关键新材料的重要领域之一，对人类的健康生活和社会经济的发展，都具有重要的意义。

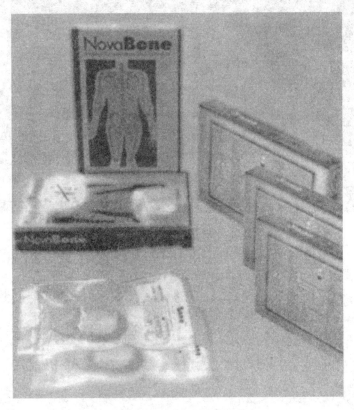

人工合成的骨修复替代材料

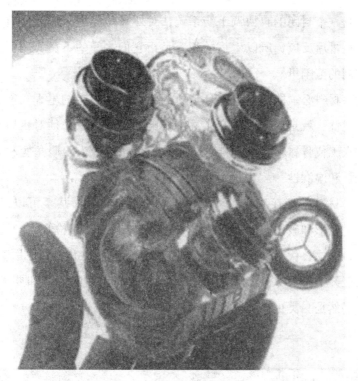

试验中的人造心脏

就像建房子需要水泥和钢筋一样，当病人的组织和器官发生病变、引起损伤或衰竭时，医生往往希望有合适的材料能够仿制或替代这些组织和器官，这就是生物医学替代材料。准确地讲，生物医学替代材料是一种对人体的细胞、组织和器官具有增强、替代、修复和再生作用的新型功能材料。生物医学替代材料的研究涉及材料学、生物学、医学、药学、物理学和化学等多种学科。从材料种类上看，虽然目前我们人类使用着数以亿计的各种材料，但生物医学替代材料却只有数百种，这是因为生物医学替代材料有一些特殊的要求。

概括地说，一种材料能作为生物医学替代材料必须满足三个基本要求：

首先是生物相容性，就是要求材料在使用期间，同它所在的生物有机体之间互相不产生有害作用。这是生物医学材料最基本的要求，也是区别于其他功能材料最基本的特点。实际上，绝对的生物相容是不存在的。一方面，

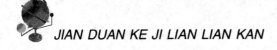

生物机体是一个封闭的自协调平衡系统，对外来"异物"的入侵有一种天然本能的免疫排斥反应，所以生物的相容是指它们之间的不良作用要发生在相互可以控制的范围里。

其次，材料必须能够在生理环境的约束下发挥一定的生理功能，这被称为生物功能性，就是说仅仅不产生坏的影响还不够，还必须对机体有好的作用。比如人工代骨材料必须要能够支撑一定的重量，人工眼角膜材料要有一定的透光性和湿润性。

最后，材料还要有一定的可靠性，使用的时间较长甚至可以终身使用，不容易发生变形和破损，因为人不能像机器一样任意拆卸检修。

现在，生物替代医学材料已经得到了广泛的应用，并得到了医学、化学、材料学乃至经济学界人士的高度重视，但它距离人们的期望和要求还很远。因此，它仍然是一类正在高速发展的"未来材料"。

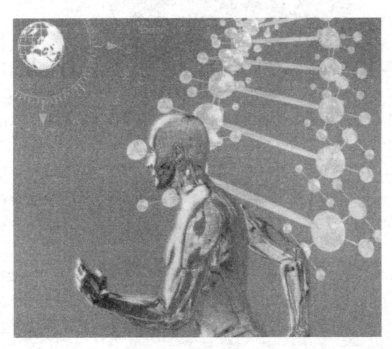

生物医学材料已经得到广泛应用

生物化材料

自然界中，有许多生物具有再生与修复能力。海参在遇到敌人袭击时，会把自己的内脏拉出来，然后自己趁机逃走，不久以后，它又会长出一副新内脏；蜥蜴在被砍掉尾巴后，能够再生出尾巴来；把一条蚯蚓从中间砍成两段，其头部（带胸节的）能再生成新的蚯蚓；人的皮肤被划伤或骨折后在一定程度上也能愈合，大家想想，要是不能愈合，那将是很可怕的。但是我们人的这种自我修复能力是有限的（比如，如果皮肤上伤口裂开较大，就必须缝针来帮助伤口愈合）。长期以来，人们一直在努力研究能够使其受损伤的、

这张不起眼的"白纸"就是填补国内空白的高科技产品——"人造皮肤"

克隆羊

病变的组织与器官完美再生和修复的材料及装置。20 世纪 80 年代以来，这种材料的研究开始兴起。它能够调节、控制和诱导人体组织的自身修复、再生的能力，使再生的天然健康组织和器官能够取代病变的组织和器官。

对于发生病变和损伤组织与器官的修复，现在我们较为熟悉的做法是进行组织和器官的移植，如给大面积烧伤病人移植皮肤，给肾衰竭和尿毒症患者换肾等。但是因为人本身的器官会对移植进来的器官产生排异反应，这使移植技术受到限制，事实上，在进行过的此类手术中，有不少患者就因为排异反应而死亡。另外，也并不是所有的器官都能进行移植。因此，要彻底解决病变和损伤组织与器官的修复问题还必须另辟蹊径，比如利用生物化材料培植健康的组织和器官。

运用生物化材料，可以从以下两个方面进行：

第一是利用需要移植的人本身的一小片健康组织或细胞进行体外繁殖培

养，然后再送回人体的组织细胞中培养。比如，把我们人体皮肤细胞的纤维枝芽细胞接种到一种叫做"胶原—硫酸软骨素"的多孔膜上，可以得到有生命力的人造皮肤。可是这种细胞的培养繁殖需要较长的时间，病人很难等待，另外培养的技术也不完善。这种技术和植物中的嫁接技术比较像，比如我们要培养一棵梨树树苗，就可以把它先嫁接在其他果树上培养，然后再取下来种植。

第二种是选择合适的载体材料和调节细胞生长分化的物质，并对其作用进行定位调控。我们知道，人体的基本组成单位是细胞，一个原始的受精卵细胞能发育、繁殖、生长并逐渐分化成各种组织和器官。现在的生物技术能够对这些细胞的分化、繁殖和生长进行调节控制。患者需要什么，我们就调控细胞朝什么方向发展。

显然，运用生物化材料，要比器官移植安全得多，不过，这方面的技术还有待完善。

生物化材料有多种名称，如杂化生物材料、组织工程材料、第三代生物医学材料等。当前生物化材料研究涉及的组织和器官有骨骼、牙齿、皮肤、食道、血管、肝脏、胸腺、肾脏、心脏和神经等。由于目前的技术还不能完全控制人工器官植入人体后的排异反应，今后一段时间内，在医学领域，人

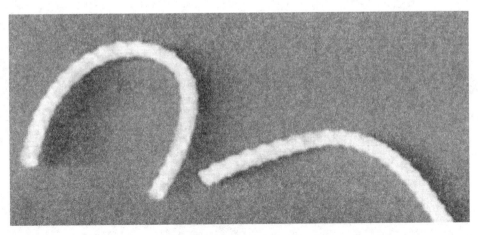

由聚四氟乙烯材料制成的人造血管

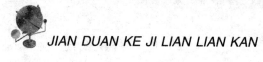

们还不能放心地长期使用全人工合成器官。因此，研究一种通过组织培养或诱导生长的人体自身组织和器官修复与再生，比去追求人造器官材料的寿命要更有意义。

生物化材料的研究具有两个革命性意义：一是创造了具有生物活性的材料；二是力求人体组织的完全天然修复和再生。这也表明人类已经进入了改造和创新生命形态的时代。这是生物、医学、工程技术等合理分工、密切合作的结果，其发展必将为人类的健康造福。

生物环保显身手

大量新材料的问世，极大地改善和发展了各种机器和工具的性能，促进了生产力的发展，但是也带来了大量废弃物对环境的污染，甚至给人类的生存造成了威胁。为此，从保护全球环境的角度出发，科学家提出了研制环保生物材料的主攻方向。

研制环保材料，就是提倡人们在材料制备、应用和回收循环过程中减少公害，同时减少自然资源的浪费，即用最少的材料实现最大的功用。在这种材料的研究中，科学家取得了一系列重要的成果，各种生物环保材料不断地涌现出来。

在减少材料制备过程中的公害方面，科学家取得了众多突破。日本北越造纸公司研制的造纸原料"ECF 纸浆"便是其中一例。传统纸浆生产方法都是使用氯气进行漂白，这样漂白时就会产生大量的有害物质氯仿。氯仿是一

如今，人们在家居装修中更加青睐环保材料

塑料薄膜被农业广泛使用

各种可降解塑料薄膜

种强致癌物质，而且严重污染环境。日本这家公司研究出了不用氯气而使用二氧化氯漂白的新方法。这样使氯仿等有害物质减少了99%以上，因此，带来了世界造纸业的一场革命。

在开发生物环保材料的过程中，人们更多地把注意力放在了学习和模仿某些生物的特殊功能和性质上，从根本上消除公害。例如，甲壳虫可以将糖及蛋白质分化成重量轻而强度高的坚硬外壳材料；蜘蛛吐出的水溶蛋白质在常温常压下变成不可溶的丝，而丝的强度比防弹背心材料还要坚韧；鲍鱼利用人们通常认为的一些用途不大的简单物质，如海水中的碳化钙结晶成强度非常好的贝壳；林林总总，如果能破解以上这些奥秘，并把生物的这些奇异的功能用到生产材料上，便可生产出崭新的高级人工合成材料，又不造成环境公害。这也是科学家今后努力的一个重要方向。

见光分解的塑料

　　很多人工制造的化学物品使用后，若不能回收，都会造成污染。最典型的是塑料，它具有不易分解的特点，被废弃后容易造成严重的白色污染。从保护环境的角度出发，科学家纷纷研制出可分解塑料。可分解塑料就是在完成一定的功效后能自动分解的一种聚合物。以光分解塑料为例，在聚合物中添加少量光敏剂，通过生物发酵合成和化学合成，使塑料能够见光分解，经过1~3年后可自行破碎，最后变成二氧化碳和水，不会污染环境。

绿色材料

材料是人类生存不可缺少的物质基础，是人类社会发展的基石。随着新材料的不断涌现，材料同环境的联系也变得越来越紧密，这种联系使环境保护问题越来越得到人们的重视，在科学家的努力下，绿色材料开始走近人类。

绿色象征着生命、健康、安全，现在，人们常常用绿色来代表环境保护，所以绿色材料又称为生态环境材料；它在原料选取、制造、使用和再循环以及废物处理等环节中能与生态环境和谐共处，不会产生污染。1988 年人们首次提出了绿色材料的概念，并将其确定为 21 世纪人类要实现的目标之一。

绿色材料主要包括循环材料、净化材料、绿色能源材料和绿色建材。

循环材料

循环材料主要是指利用固体废物制造的、可再生循环制备的材料，如再生纸、再生塑料、再生金属和再循环利用混凝土等。循环材料应具备以下特点：

（1）可循环多次使用；

（2）废弃物可作为再生资源；

（3）废弃物的处理消耗能量少；

（4）废弃物的处理对环境不造成污染。

循环材料的一个重要例子就是利用生活垃圾发电。生活垃圾本来是人类生活中产生的废弃物。过去我们采取在偏

垃圾发电

远的地方集中深埋的方法，这种方法实际上仍然是在制造污染，只不过是把污染限制在一定范围内，并没有解决根本问题。现在把生活垃圾用来发电，不但可以减少污染，还可以将其变废为宝，重新造福人类。美国已经建立了70个生活垃圾发电厂，亚洲也有50个垃圾发电厂，一般一个发电厂的日处理垃圾量为3 000吨。

不久前美国杜邦公司推出了一种化学防护衣，它能隔离有毒有害的化学物品，对人体有保护作用。该产品既可以回收再利用，也可以焚烧处理，对人体无毒无害，是绿色材料的又一个典范。

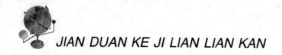

净化材料

能分离、分解或能吸收废气、废液的材料称为净化材料。我们知道，汽车排放的尾气是造成城市环境污染的一个主要原因。采用催化转化的方法，将汽车尾气中的有害气体如一氧化碳和氮氧化物等转化为无害的氮气、二氧化碳和水，能有效防止大气污染。自 1996 年以来，美国福特公司和中国有关部门合作，联合研究利用贵金属与稀土复合材料作为汽车尾气催化剂材料。

在日本，研究人员发现主要成分为方石英和火山灰的天然矿石有很高的吸臭、吸湿的能力；而一种特殊的陶瓷过滤材料可以过滤一氧化碳等有害气体，这两项研究对环境保护也有重要意义。

汽车尾气是重要的污染源

绿色能源材料

　　绿色能源材料指洁净的能源，如太阳能、风能、水能及废热、垃圾发电等。太阳能是洁净的能源，能长久地为人类服务，因此发达国家都在积极开发利用。日本政府制定了"新太阳计划"，按照这个计划，日本在2010年将会有两千多万户改为太阳能屋面。太阳能发电的关键部件是太阳能电池，目前电池的转化率还比较低，最好的也只有20%左右。热电材料是指利用温差发电的材料，它的特点是无转动部件，工作稳定可靠，寿命长，是利用各种燃料或废热的最好绿色能源材料。

太阳能草坪灯

绿色建材

　　有利于环境保护的建筑材料称为绿色建材。建筑材料是世界上用得最多的材料，特别是墙体材料和水泥，我国每年的用量都在 20 亿吨以上。生产建筑材料要消耗大量的森林、矿产资源，建筑材料垃圾还要占用大量的土地，这些都对自然造成了一定程度的破坏。另外，我们人类有一半以上的时间是在建筑物内部的空间度过的，对环境有污染的建材同样威胁着人类的健康，人们也需要改变这一小环境，因此开发绿色建材迫在眉睫。

　　现在美国和日本开发出用生活垃圾制造的水泥。日本研究人员发明了用红外陶瓷制成的内墙板，这种板可以使室内空气活化，使人有清爽的感觉，就像早晨在花园中一样。越来越多的建材贴上了绿色环保标志，它们将使我们生活的空间更加健康和安全。

热释电晶体

电荷有正有负，正电荷用"＋"号表示，负电荷用"－"号表示。一般说来，带电物质哪一端产生正电荷，哪一端产生负电荷是固定不变的。但是，有些晶体会发生电荷逆转现象，就是在受热时一端产生正电荷，另一端产生负电荷，而在冷却时，原来产生正电荷的一端却产生负电荷，原来产生负电荷的一端却产生正电荷。这类晶体称为热释电晶体。碲镉汞晶体就是这类热释电晶体中的一种。

科学研究表明，物体发热时均会产生一种肉眼看不见的光线，称为红外线。在通常情况下，一切发热的物体都会辐射出红外线，人体也不例外。这样，从理论上说，即使无法看到物体本身，只要能观察到它发出的红外线，

简易夜视仪

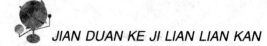

也可准确地判断它的位置并测定它的大小形状等特征。由于热释电晶体对热量敏感，因此正可担当此任务。现在被大量装备在军事武器上的红外夜视仪就是利用热释电晶体做成的热释电元件和其他电子、机械等元件制作而成的。它的神通可大了。

在伸手不见五指的黑夜，埋伏在丛林中的敌人、远处的汽车、坦克等，以前是很难被发现的。现在有了红外夜视仪，情况就不同了。因为人体、各种动物以及发动机等都是热源，都会辐射出红外线，这时坐在夜视仪前，通过屏幕就可以清楚地观测到远处的物体，甚至可以分辨人、动物及汽车、坦克的形状。如果给战士们配置上这种黑夜"千里眼"，并装备上激光测距仪，黑夜里他们也能百发百中，弹无虚发。如果在导弹的前头装上一个用热释电晶体制成的红外线制导装置，导弹就会向着产生红外线的飞机发动机等目标紧追不舍，直至命中。

有了红外遥感测温仪，列车运仃的安全性就更高了

军用夜视仪

红外线也是医生的好助手

　　这种设备稍加改进，还可在医疗中帮助医生诊断疾病。经过改造的仪器叫做"红外热像仪"，因为人体发炎的部位会比正常部位辐射出更多的红外线，利用红外热像仪可以帮助医生确定病灶的位置及形状。

液晶材料越来越时髦

液晶在我们生活中经常遇见，小到电子手表，大到几十平方米的液晶屏幕，还有液晶显示的电脑、电视、摄像机等等。这些物品中的液晶屏幕能显示出字符和色彩逼真的图像，说明液晶有着非凡的本领。

早在1888年，德国科学家莱茨尼尔在加热一种叫安息香酸酯的化学药品时，发现它有两个熔点，把它加热到145摄氏度的时候便熔化成液体，只不过是浑浊的，不像其他纯净物质熔化的时候是透明的；但是，如果继续把它加热到178摄氏度，它就会变成清澈透明的液体。在145到178摄氏度之间，它就处于一种中间状态。这种处于"中间地带"的液态晶体，简称为液晶。

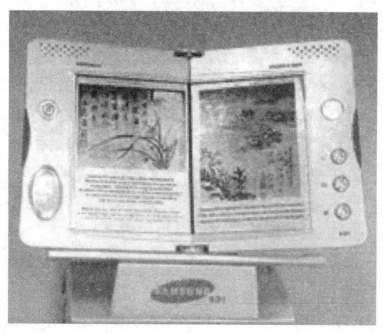

可折叠液晶电子书

电脑用液晶显示器

严格地说，液晶既不是晶体也不是液体，却兼有两者的特性。液晶被发现后一直默默无闻，直到 20 世纪 60 年代才一下子引起人们的重视，因为科学家发现，它是制造显示元件的绝好材料。

液晶用于显示主要靠它的独特本领。液晶分子之间的作用力非常小，容易受机械力、电磁场、温度和化学环境等影响，所需要的驱动电压很低，所以功耗极低，而且可靠性高；液晶显示能在明亮环境下工作，不怕日光或其他强光的干扰，而且，外界光线越强，显示的字符图像越清晰；液晶显示可用于高信息量器件，如计算机终端、通信及摄像监视器等，而且液晶显示器件的尺寸可大可小，能做到轻、薄和便携，使用十分方便；尤其是液晶显示无闪烁，也没有对人体有害的软 X 射线，不会影响人体健康。

目前，我们已知道七千多种有机化合物具有液晶的特征。这些液晶可以分为不同的类型，它们在光学特性上有一定的差别。液晶的触角已经渗透到现代科学的各个领域，其应用范围也不断扩大。例如，有的液晶颜色能随温度的变化而变化，从蓝紫色到绿色再到黄色等，这样可以作为指示剂指示出化学实验中的温度变化情况；有的液晶同某些有毒气体接触也会变色，这种液晶片挂在容易泄漏毒气的地方可以起监测作用。

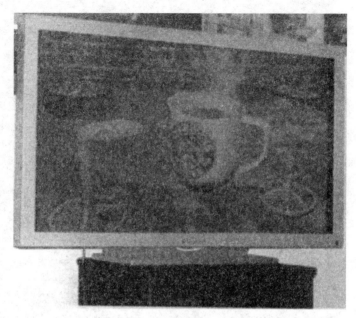

3D 液晶电视

成员众多的液晶家族中有一个"巨人"，它就是液晶高分子。20 世纪 50 年代，有人研究发现含有多个氨基酸的多肽具有液晶性质。

液晶高分子按照物质的来源，可以分为天然液晶高分子和合成液晶高分子，根据液晶形成的条件，又可以分为在特定的温度范围内才能呈现液晶态的热致液晶高分子和在特定溶剂中才呈现液晶态的溶液致液晶高分子。液晶高分子材料具有十分优异的性能，如优良的机械性能，突出的耐热性能，极小的膨胀系数，低的收缩率和高的稳定性，绝缘性和耐化学腐蚀性等，因此它们的应用前景是十分诱人的。比如液晶工程塑料和液晶纤维可以做成火箭发动机的壳体、防弹衣、高级轮胎等。如果用液晶纤维做成衣服穿在身上，由于人体各部位体温的差别，液晶服装就会显现出像彩虹一样的迷人色彩。此外，液晶高分子材料正向家电领域、医疗器械和运动器械等领域进军，21世纪，液晶高分子材料将是我们生活中的忠实伴侣。

激光与激光晶体

　　大家知道激光吗？激光是怎么产生的呢？它是由原子中的核外电子在不同轨道之间受到激发而发生"跃迁"时产生的。打个比方，激光的产生过程好比用水泵将水抽到水塔顶部，然后突然打开闸门，这时水就会以强大的力量喷射而出。能够充当这个"水塔"的是一些我们称之为激光晶体的物质。

　　激光和普通光一样吗？

　　晴天的正午时分，如果你抬头看太阳，会不会感觉眼睛被强烈的阳光刺得睁不开？在阳光下曝晒的时间长了，皮肤会有灼热刺痛的感觉，还会发红

激光已经成为现代城市中重要的装饰光

发痒甚至脱皮。这些例子说明光具有能量，而且通常光能可以转化为热能。普通光的能量不大，原因在于它的光源能量低，而且光线还会散射，能量就更加分散了。比如手电筒的光，照得越远能照到的范围就越大，可是光线也越微弱了。

激光和普通的光可大不一样，它具有高度的方向性和单色性，我们可以通过光学手段使有限的激光能量在时间上和空间上高度集中，从而使激光具有极高的亮度，这样它也就保持了极高的能量。例如，一个小功率的氦—氖气体激光器，发出的激光亮度可以是太阳光的 100 倍；而 Q 开关红宝石激光器发出的激光亮度比太阳光要高出几亿倍！正是由于激光的这种特性，使它的能量大得惊人。从激光武器里射出的激光束，一照到物体上，就连坦克都能顿时被烧穿。

现在，可以用作激光工作物质的晶体很多，其中常见的有：红宝石晶体、钇铝石榴石晶体、矾酸钇晶体、掺钛蓝宝石晶体、氟酸锶锂晶体等。

超导材料的发现

所谓超导体是指那些在外界温度降低至某一特定数值时，其电阻和体内磁感应强度都突然变为零的导体。这样，电流就可以一点不损失地通过超导体。我们现在使用的普通电线，由于电阻的作用和其他原因，在输电时都会损失一些电能。而用超导体作为电力输送的载体，能使无损耗输电成为可能，提高输电的效率。

超导体是怎么发现的呢？

超导体的发现颇为不易。一个世纪以来，超导体的研究使4位科学家先后获诺贝尔奖。在19世纪，物理学家便已发现纯金属导体的电阻率随着温度

如果用超导体制成电力输送载体，就能大幅度提高输电效率

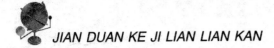
的降低而变小。1911 年荷兰莱顿大学实验物理学教授卡麦林·昂尼斯发现汞的电阻在接近绝对零度（零下 273 摄氏度）的低温时急剧下降以至完全消失，他在 1913 年发表的一篇论文中首次用到"超导电性"一词。由于这一成就，昂内斯获得 1913 年诺贝尔物理学奖。

1933 年，德国物理学家迈斯纳等人又发现，超导材料的温度低于临界温度而进入超导态之后，其体内的磁感应强度总是零。这种现象因它的发现者而得名"迈斯纳效应"。1962 年英国剑桥大学研究生约瑟夫森提出，夹有薄绝缘层的两块超导体之间，即使不加电压也可通过一定数值的直流隧道电流。这一现象称为"约瑟夫森效应"。他因这一发现获得 1973 年度诺贝尔物理奖。

1986 年，德国物理学家柏诺兹和瑞士物理学家缪勒发现一种氧化物材料，其超导转变温度比以往的超导材料高出 12 摄氏度。这一发现是超导研究的重大突破，柏诺兹和缪勒也因此获 1987 年诺贝尔物理奖。

罐装液氮是超导研究中常用的物质

我国普吉电站的超导电缆系统

目前，限制超导体发展和应用的主要障碍是，超导体要实现超导，必须在极低的温度下，而这样的低温，在现实生活中是很难得到的。即使在寒冷的地球两极，温度也不过零下几十摄氏度。通常，我们用液氮的温度（零下170摄氏度左右）作为参照标准，在这个温度以上能实现超导的材料就叫高温超导材料。超导体高温化，是超导体研究的直接目的。另一方面，还有大量的科学家致力于超导体本身的研究和应用开发。

超导的未来应用

由于超导技术的神奇特性，人们普遍对超导的应用寄予厚望。下面，我们就来看看几个已经接近成熟的超导应用实例。

超导磁悬浮列车

普通火车由于车轮与车轨之间存在着摩擦力，最高时速不可能超过300千米。于是，人们设想制造一种不靠车轮行驶的列车。就是说，列车行驶时不与车轨接触，而是浮在车轨上，只与空气摩擦，这样受到的阻力就小

磁悬浮列车

得多了，列车自然也就能跑得更快。现在这一设想已经实现了。人们利用超导磁体产生磁场，使它与另一磁场产生斥力，而这种斥力又使列车悬浮起来并且推动列车前进。这样一种没有车轮的新型列车诞生了，这种列车就是"超导磁悬浮列车"，时速可达到 300 千米以上，甚至达到 500 千米，这个速度都快赶上现在飞机的速度了。超导磁悬浮列车的乘客不会感到列车的颠簸，也不会听到车轮与铁轨的撞击声。它将是陆地上理想而舒适的交通工具。

超导材料与原子能

今天，我们生产和生活使用的能源种类虽然多，但主要还是来源于石油、煤炭、天然气一类的矿物能源。地球上的矿物能源是有限的，而且不能再生，用一点就少一点。为了保证未来人类的能源供应，人们正在设法利用核聚变的巨大能量。要实现这个愿望，必须用强大的磁场把上亿度的高温等离子体约束在一定的区域，这是受控核聚变研究的一个关键问题。物理学家认为，

广州大亚湾核电站

高温超导体将给未来的研究工作注入新的活力，帮助人们降伏受控核聚变，使之成为造福子孙万代的用之不竭的能源。

新一代电子器件——超导芯片

有人把超导芯片称为继电子管、晶体管之后的第三代电子器件。美国的法里斯在 1987 年研制出一种示波器，这是第一台采用超导器件的仪器。如果将超导芯片应用于计算机，运算速度可提高 1 000 倍。

超导技术是物理学的一项重大成就。它为人类展现出一个应用广泛、潜力巨大的新的技术领域。超导技术的日益成熟及其广泛运用，将使 21 世纪更加异彩纷呈。

超导电缆

超导磁体

下面我们来谈谈一种新的高科技材料——超导磁体。什么是超导磁体呢？

前面我们已经了解，超导体，就是在一定的临界温度下，电阻会完全消失的一种材料。那超导磁体与超导体有什么关系呢？原来，电场和磁场之间存在着相互作用。在应用超导体材料时，如果用一个或多个超导线圈来组成一个产生磁场的装置，普通的超导材料容易受到磁场的影响而失去超导性，这样超导性与磁性好像无法同时兼顾。这个难题直到 20 世纪 60 年代发现铌锆、铌钛等合金材料和铌三锡化合物材料的超导电性

超导变压器

后，才得以解决。超导磁体也就是这种保持磁性的超导体。

　　超导磁体在直流电条件下运行不会发生能量损失，可以通过强度很大的电流，产生巨大的磁场。另外它的磁性稳定，空间分布的磁场均匀度高，可以获得需要形态的磁场，且体积小重量轻，因此得到越来越广泛的应用。它在电工、交通、医疗、军工和科学实验领域都有重要的现实作用和巨大的应用前景，其中有些已经取得实际效益。如目前采用超导磁体的磁共振成像设备已成为医院中最受欢迎的临床诊断设备之一，已有数千台磁共振成像设备在世界各地医院中使用。此外，超导核磁共振谱仪等科学仪器也已经成为商品并获得广泛应用。

纳米材料

纳米涂料

涂料可以美化居室，但是传统材料由于耐洗刷性差，时间不长，墙壁就变得斑驳陆离。纳米技术的应用，使涂料的许多指标都大幅度提高。外墙涂料的耐洗刷性就可以由原来的一千多次提高到一万多次，寿命也延长了两倍多。玻璃和瓷砖表面涂上纳米薄层，可以制成自洁玻璃和自洁瓷砖，任何粘在表面上的物质，包括油污、细菌等，在光的照射下，由于纳米的催化作用，可以变成气体或者很容易被擦掉的物质。

有了纳米材料，不用洗涤剂也能洗得干干净净

纳米化妆品

大气和太阳中存在着对人体有害的紫外线，而有的纳米微粒就有吸收紫外线的特征和性能。目前，有许多化妆品加入了纳米微粒而具备了防紫外线的功能，它还能促进皮肤的新陈代谢。

纳米洗洁净

洗衣机内部残留的剩水很容易成为细菌滋生的温床，对下一次洗衣造成污染，而且用户无法自行拆卸进行清洗。利用纳米材料的性能，将抗菌材料加入其中，能够抑制细菌再生，保持"净水"的状态。

于细微处显神奇的纳米技术，就将这样进入寻常百姓的生活，渗透到我们衣、食、住、行等各个方面。

记忆材料

有智能的形状记忆的材料

我们已经认识了材料世界里的很多成员，不过要是问你，材料世界里谁最聪明，你知道吗？这里我们就带大家去拜访材料世界里的一位智者——形状记忆材料。

为什么说形状记忆材料聪明呢？因为它有别的材料所不具备的一种智能——记忆功能。20世纪60年代初，人们发现一种由钛镍组成的合金，有对

记忆合金制作的眼镜架脚

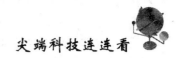

自身形状记忆的功能。

为什么说它能记忆自身的形状呢？原来把这种合金丝在 40 摄氏度时做成某种弯曲的形状，再在室温下把它伸直，当温度又回升到 40 摄氏度的时候，它就又分毫不差地自动变为原来那种弯曲的形状了。

形状记忆材料的这种特殊功能引起了人们极大的兴趣，纷纷探索对它的应用。靠着这个特殊本领，形状记忆材料在医疗、航空航天等高科技领域内担负了许多十分独特的任务。

镍钛合金为什么能"记忆"自己在一定温度下的形状呢？这一特殊现象引起材料科学家们的极大兴趣。经过大量研究才知道，这和它的内部的组织在一定温度发生的相变有关。这种相变叫做"弹性马氏相变"。

什么叫相变呢？我们所见到的物质有气态、液态、固态三种状态，物质从一种状态变化到另一种状态，构成它的元素并没有改变，但元素的原子排列方式变化了，因此外在的物理状态和性质也变化了，这种变化就叫做"相变"。如果用水作例子，水在零摄氏度时就结成冰，在 100 摄氏度时就变成蒸汽，这叫相变。只要温度一到这两个温度，水就分别"记忆"起它在这两个温度下的状态，变成冰或蒸汽。形状记忆材料的相变就类似水的相变，但还要复杂得多。下一节我们还将以形状记忆金属为例，进一步解释材料能够记忆形状的原因。

变形金刚：形状记忆金属

在新型金属材料的行列中，除了被视为新世纪骨干力量的金属钛之外，还有不少具有特殊功能的角色，形状记忆合金就是倍受瞩目的一种。

我们肉眼所看到的物体是由无数比尘埃还要小几十万倍的微小颗粒组成的，这些微小的颗粒叫做原子。比如金属晶体就是金属原子按照一定的排列方式构成的，有的合金原子的排列方式还会随着环境条件的不同而发生改变。例如，在较高温度下是某种排列方式，当温度下降到某个临界温度时，又是

另一种排列方式。当再次加热到临界温度以上时，原子排列就会自动恢复到原来高温下的方式。如果用上体育课来打比方，老师喊的集合口令就是临界温度，同学们就是一个个的原子，老师一喊口令，大家就排成一定的队形。温度改变就像是打下课铃，大家就解散了，可是下一次上课老师一喊口令，大家又会排成和上回一样的队形。合金的记忆功能就是这样的情形。不同的合金有不同的临界温度。

目前已经发现的形状记忆合金达几十种之多，其中应用较多的是钛镍合金和铜基合金两大类。

形状记忆合金的应用也是多方面的。在宇航工作中，人造卫星和月球上的伞形天线都可以用形状记忆合金制作，在到达太空和月球上时，这种伞形天线会因为温度升高而自动打开。美国在喷气式战斗机的油压系统中也使用

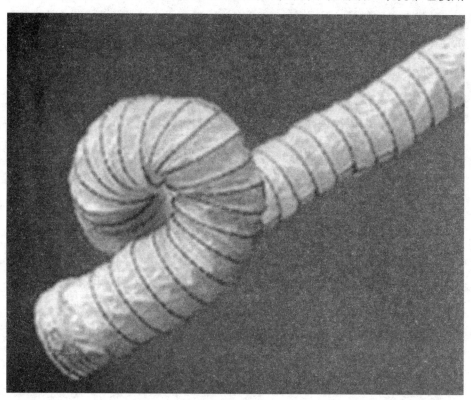

记忆合金管道

外科用记忆合金制品

了钛镍形状记忆合金。飞机的油压系统有大量的金属管道需要对接，使用钛镍形状记忆合金作为接头套管，飞机就不会发生漏油、脱落或破损事故。形状记忆合金还可以用于多种驱动装置，可以控制机器人的手臂。在医疗方面，形状记忆合金也大有用武之地。例如，用这种合金在体温下能恢复形状的功能，制成脊椎矫正棒来矫正骨骼，可以让曾经弯曲的骨骼再变得直起来。

形状记忆高分子材料

汽车外壳上的凹痕，可以像压扁了的乒乓球一样，用热水一浸泡就可以复原；登山服装会根据环境温度自动调节透气性；不小心骨折后，医疗用的外套管在体温的作用下能够自动束紧，并且在骨头愈合以后就变得无影无踪。这些看起来既像魔术又像神话的设想，在新型材料——高分子形状记忆材料发明后，已经逐一地变成了现实。

高分子形状记忆材料，又叫做"有记忆功能的高聚物"，分为热塑性和热固性两类。这两类材料产生形状记忆效应的主要原理基本相同。这类高聚物在外力作用下，可以产生大的弹性形变，并且可以方便地降低温度使形变保持下来，但在施加某种刺激信号，如加热时，又可以恢复到原来的形态。这种变化称为形状记忆效应。在常温下是固体，加热后具有弹性的高聚物，一般说来都可能表现出一定形状记忆效应，所以形状记忆效应是材料科学中比较普遍的一种现象。

使形状记忆材料成为高度智能化的材料，是目前材料科学与技术领域的热点之一。美国和德国科学家目前正着重研究用可以在生物体内自动分解的高分子材料制作手术需要的器件，来代替原有的大型器件。外科医生通过内窥镜精确地把由形状记忆聚合物制成的器件移植到需要手术的部位，如断骨的外套管、血管的内扩管和血液的过滤网等，在体温的作用下，通过高分子材料器件恢复形状，就能达到治疗的目的。这种治疗方法，不仅可以减少放置器件时所需的外切口，而且由于器件本身在人体中可以逐步分解而消失，不需要为取出器件而进行第二次手术。

新型陶瓷

在前面几个关于陶瓷的问题中，我们已经了解了陶瓷的历史和功能陶瓷的有关知识，在这里，我们进一步来介绍最新的陶瓷材料。

韧性陶瓷

普通的陶瓷制品往往有许多细微裂纹，当受到外力作用时，细微裂纹会不断扩展，并汇集成粗大裂纹，最后碎裂。针对陶瓷的这一弊端，科学家们研究出了防止细微裂纹扩展的有效方法，制成了难以打碎的"韧性"陶瓷。

目前，韧性陶瓷的制作和生产方法主要有两种：一种是在陶瓷原料中添加少量的氧化钇、氧化镁和氧化钙等粉末，经过高温烧制后形成晶体结构，当受到外力作用时，由于晶体形态的变化使陶瓷体积也变大，从而填补了原先存在的裂纹。另外一种方法是先将陶瓷制成纤维状，经过烧制后，形成纤维补强陶瓷。遭受外力作用的时候，陶瓷纤维一方面可以阻止裂纹扩展，另一方面还起缓冲作用，增强陶瓷韧性。

经过特殊处理的韧性陶瓷，还有强度大、硬度高、不怕化学腐蚀等优点。如果用它来做菜刀、剪刀、锯、斧头等日用工具，其坚硬程度可与钢铁制品相媲美，而且不会生锈，更适合切生吃食物和熟食。另外，韧性陶瓷还可以用于制造防弹盔甲、人造骨骼、人造关节和手表外壳等。

日本、美国、德国等一些发达国家还采用韧性陶瓷替代金属材料来制造发动机，这种发动机体积小、重量轻、热效率高，用同样的燃料可以使汽车多跑30%的路程，是一种高效的节能发动机。

压电陶瓷

压电陶瓷是一种具有能量转换功能的陶瓷，在机械力的作用下发生形变时，会引起表面带电。

制造压电陶瓷对原材料有严格的要求。在晶体结构上应该是不对称中心的。在高温下将这些材料烧结，在高压电场下进行极化处理，就能得到各种有能量转换、传感、驱动等功能的压电陶瓷制品。

生物医学工程是压电陶瓷应用的重要领域。可以用来探测人体信息和进行压电超声治疗。由于体内的各种组织对超声波有不同的反射和透射作用，压电陶瓷发出的声波在人体内传输，返回来经压电陶瓷接收又变成电信号显示在屏幕上，据此可以判断内脏组织的情况。而且进入人体的超声波达到一

压电陶瓷片

定的强度的时候，能使组织发热并轻微震动。这种震动可以对一些疾病起治疗作用。

此外，压电陶瓷敏感性很强，能精确测出微弱的压力变化，甚至可以检测到十几米外昆虫拍打翅膀所引起的空气震动，所以，人们用它来制造地震测量装置是最好不过了。

低温陶瓷

低温陶瓷是一种在液氮沸腾状态下制成的陶瓷制品。低温陶瓷是这样制成的：首先将盐溶液以极小的雾珠喷入沸腾的液氮中，凝结成细小的冰珠。

民用低温陶瓷产品

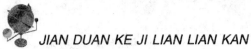
然后送入真空室，蒸去水分，形成陶瓷。

在现代科技发展中，低温陶瓷有着广泛的应用。用于电脑，可将运算速度大幅度提高，使画面更加清晰。用这种陶瓷制作的录像机磁头使用上千个小时后，几乎没有什么磨损，其寿命是普通磁头的 5 倍，所录制的影片图像的清晰度可以使人产生身临其境的感觉。

介质陶瓷

介质陶瓷的电阻很大，能够承受较强的电场而不被击穿破坏，主要有电绝缘陶瓷和电容器陶瓷。敏感陶瓷是一类对某种物理量变化敏感的功能陶瓷。根据其功能不同，又分为热敏、湿敏、光敏、气敏等敏感陶瓷，它们能对温度、湿度、光线和气体等的变化产生敏感的反应。在制仪表、公共交通和家用电器等方面得到广泛应用。而且现在有些陶瓷甚至朝多敏感的集合功能发

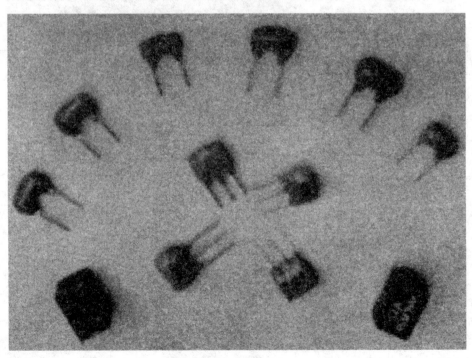

用介质陶瓷制造电子元件

展，让我们能够及时感觉到身边的各种变化。想想看，如果我们家里观赏的陶瓷制品能对光线和温度产生敏感反应，那我们就可以看到它每时每刻都在发生着变化，更具观赏价值。另外还有磁性陶瓷呢，它就像磁铁一样，能对一些物质有吸引作用。

三、生活与健康

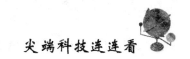

明日的电话亭

看到这个题目你肯定会想，现在几乎人人都有手机了，谁还会在电话亭里打电话啊？电话亭通通都该"下岗"了。但是在路上，假如手机没了电，而我们又有急事需要打电话，这时电话亭就是雪中送炭了。

在我们印象中，一直都认为电话亭要么是一个独立的小房子，刷上红色、蓝色的油漆，下雨还可以避避雨；要么就是在一部电话机上搭半块塑料板的简易公用电话。但无论是小房子电话亭，还是简易公用电话，是不是要么式样与周围的环境不太好融为一体，而显得"太过突出"；要么就是在使用简易公用电话时，"喂……喂"的大声说话声让路人皱眉头呢？既然是这样，那在将来是不是可以想想办法，彻底改变一下电话亭的样子或功用？

大树里的电话亭是什么样

图上的这个东西可不是一棵真的大树，而是一部将在 30 年内走进我们日常生活的电话亭。这套未来电话亭的设计理念，是由一家家具设计工作室提出来的。这个设计工作室是由一群艺术家和建筑师共同创建，并以明快、极具巧思而实用的设计著称于世。

设计室的设计师们认为，在未来的无线世界里，人们之间的沟通迫切需要一个幽雅清静的环境，而电话亭的基本功能又为其提供了出现的契机。为了与周围的环境融为一体，电话亭的样式可以更为灵活新颖。简单地说，一棵棵随处可见的大树都可以充当电话亭的材料。

使用一些先进技术的支持，电话亭使用起来将更为方便：话机再不是复杂的键盘和屏幕了，使用者只需要走到"大树"下面，对着话机直接报出电话号码，电脑系统就会帮忙接通，然后打电话的人就可以畅所欲言了。新的声音技术还可以使通话者免受外界噪音的干扰，同时通话者声音也不会彼此干扰。在无线移动通信的世界里，电话亭为人们提供的就应该是最宜人的公共环境——不会受到任何人干扰的单独空间。

未来多功能电话亭

在"新纽约城设计公司"设计师们的想象中，30年后的电话亭应该是多种用途集于一身的：当电话亭关闭以后，就会自动变成一个电子公告牌，这样当地的商业部门就可以通过电子邮件，将邻近地区的时事新闻发送到公告牌上。使用者还可以在这电话亭里为他们的手机充电，并且从因特网上下载有用的信息，当然他们也可以直接在这里打电话。

电话亭的外形可以犹如花瓣，它的作用不仅能够对空气污染进行监控，还可以为人们提供歇脚的地方，并且充当照明工具。它的样子可能会介于树和雕塑之间。

"空中试管"电话亭

另外还有设计师则认为，未来的电话亭造型最好就像玻璃试管一样。将电话卡或者现金插入电话机计费口以后，再通过无线电传输就可以进行视频通话了。当它闲置的时候，会飘浮在空中，好像风筝一样，成为城市的一道美丽风景。当它被使用时，电话亭就变得不再透明，从外部看不到里面通话者的任何举动。此时在电话亭的外面，路人看到的却是动画广告，这样的特殊设计使打电话成为了一种享受，既不会受到任何干扰，也可以尽情的通话了。一旦电话接通，呼叫者的图像就可以通过电话亭的摄像机，传输给对方，同样地，他也可以看到对方的图像。电话亭也会像因特网一样，同时可以包含多个窗口，为使用者提供各种信息和广告。

守护"静谧天空"的雨伞

法国有两位兄弟最喜欢通过改造现存事物，而赋予它们意想不到的用途。这一次他们更愿意以"公共雨伞"，来称呼他们眼中的未来公共电话亭。他们认为可以把无线电话装在雨伞的把柄上，雨伞尖儿就充当天线。

未来的"大树电话亭"

通话时，雨伞不仅可以防雨、防晒，而且能够隔离噪音和大街上的其他喧嚣。此外，还可以在"公共雨伞"的后壁上装一个屏幕，使用者可以借此对电话簿进行浏览。屏幕也能够显示通话者的图像，或者其他的相关信息。这种设计风格显得简单明快、意味深远。

移动信息集散地

又有一位欧洲设计师，为30年后的电话亭设计了另外一套方案。他认为，应该通过各种新颖别致的设计组合，来使公共电话亭成为信息的聚散地。根据这种理念，他实验出了好几种不同式样的新型电话亭，其中有：

电子树，它是一个与地方网站相连的社区电子公告牌，信息可以通过外形像小鸟一样的屏幕和扬声器传输过来；

个人路标，它是一个地方信息数据库，里面收集了很多地方风土人情、旅游交通等相关信息，可以通过使用电话亭的同时来获取这些信息。

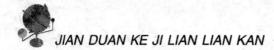

　　看来每个设计者对未来电话亭都有一套属于自己的独特设计理念。不管在 30 年后，电话亭会以哪种式样出现，都肯定会更加有创意、功能也会更加先进，电话亭的作用也不仅仅只是用来打电话，而是会有很多很多的新功能。到那时，可能又会出现排队打电话的壮观景象了！城市又会再多一道风景线了！那么你想象中的未来电话亭又是什么样子的呢？

按你"脸色"来行事

电脑无疑是最伟大的科技发明之一，它能把人们的生活、工作变得方便有趣。不过机器始终是机器，它永远不会像人一样想你所想。但人类的想象力总是丰富的，人们总是幻想电脑有天变得像人一样，有思想、有感情、能说话、还可以与人类成为知心朋友，有部电影叫《我的电脑会说话》，讲叙的就是这样一台智能化电脑的故事。

马上——30 年内，你就会在日常生活中用到智能电脑了——面对电脑，你只要一个表情或动作，它就能自行操作。这种新型电脑对于未来高速度、高质量的生活要求来说可是一大福音！

让电脑跟着人的表情来反应

新型电脑的工作原理又是什么呢？大家都知道，人的许多心理反应最终都会通过面部五官表现出来，而这种电脑它会灵敏地捕捉到人脸五官的细微变化，然后根据事先编入的特殊程序，它也会跟着做出相关反应。

科学家们首先对人的面部特征和运动，尤其是在眼睛和嘴周围进行的运动，用摄像头进行捕捉。再根据数据库中储存的面部特征模板，与面部表情图像进行比较，来研究人的内在情绪变化规律。

研究实验是从提取两种面部特征来进行的，其中一个是定义人类面部各器官的标准，通过测量它们之间距离在短时间内发生的变化，来研究人类情绪的变化。有趣的是，科学家们发现：在人的面部小范围内，五官做同样的

历史上的第一台个人电脑

距离变化时，有可能会导致产生模棱两可的结果。比方说，对于某些人来讲，很明显是高兴的面部表情，也可能被其他人误解为悲哀或者厌恶。

要使这项研究顺利进行，就必须建立准确的情绪状态样品库。但现在还没有快乐人群和悲伤人群的数据库，科学家可能很难得到一张真实的悲伤或高兴的脸，因为人们往往会隐藏自己真实的感受。

通过感触片和传感器获得数据

不可否认，人类表情确实是非常复杂的，但是电脑能够准确识别人类感情的变化吗？这一点对于实现电脑与人类的交流来说，是至关重要的。

在美国，有一群科学家，就试图利用一些不同于简单表情的感情标志来做实验。例如：呼吸、心律、体温、血压、冒汗、毛细血管的扩张等，让电脑从这些侧面数据来推断人的感情变化。他们还进行了一系列有趣的试验：在一些志愿者的脸上贴上一些感触片，在手指上安装传感器、让他们穿上特制的服装……然后，突然给他们观看各种图像，例如：鲜花、美景、赛马、凶杀、跳楼等等。被测试者看到这些图像时会相应作出各种愉快、紧张甚至是恐惧的表情，同时他们身体的各种变化会通过感触片和传感器传递到相连接的电脑屏幕上，屏幕上就会出现与各种表情相关的数据线。这些试验资料，对于进一步深入研究电脑如何识别人类的表情，是很有价值的。

现在，就连美国空军也正在研制一种可以让飞行员和技术人员，通过面部表情操作的电脑。科学家设想，这种电脑只需要人们动动眼珠子，就可以把所需要的图表和程序从一台小型便携式电脑上调出来，然后显示在特制的眼镜上。此外，美国空军还在研制可以由人类思维控制的电脑，这种电脑主要用于遥控军用飞机。使用这种新型计算机时，当操作者向右边看的时候，"电脑跟踪器"就会自动把光标移到右边；如果操作者向上看，那么光标就会往上移；操作者扬一下眉毛就等于单击鼠标一下，扬两下就等于连击两下鼠标。这要求操作者的面部表情一定要很灵活，否则不容易操作。

"看脸色行事"并不容易

提高智能电脑的准确性关键问题，在于一个人的高兴或者愤怒是否真的发自内心。也许平时在人与人的交往中，对方可以通过察言观色来发现其真实性，但是对于机器而言，真的能把人看透吗？所以对于这方面的研究并不只是简单技术上的问题。根据研究，大部分人对脸下半部的控制能力比上半部强。因而，当人们试图以微笑表示快乐，而眼睛和前额却保持平静时，就露出了马脚。

早在20世纪70年代，心理学家就编出了一套代码，描述了人类44种不同的面部表情，现在许多心理学家都利用这套编码来研究人的情感。如今一些人试着把这些编码教给电脑，以促进研究。不过目前还有很多问题需要解

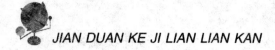

决，例如：如何衡量除了肌肉运动之外，颜色、光线方面的变化；如何处理头部运动带来的变化等等。

　　不可否认的是，电脑"智能"水平和人脑相比，还有很遥远的距离。虽然现在智能化科技发展很快，可是电脑始终不是人脑，所以很难等同。人脑最大的特点是能够创新，这是人区别于动物的最大不同，对于一台"超级智能电脑"来说，它再先进也是比不上人类的。

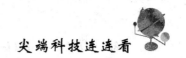

不可思议的未来手机

随着近几年来通信技术的迅速发展，尤其是手机的出现，给人类生活带来了翻天覆地的变化。手机发展的下一次浪潮会在什么时候呢？在未来的20年内，手机的功能和外形又将会发生什么变化、又会对人们生活产生怎样的影响呢？

不出声照样打手机

对于不习惯使用那些复杂按键的用户来说，未来的全声控手机魅力无限，将彻底颠覆现在的"全手动"手机。全声控手机的最大特色是没有键盘，也不用触摸手机屏幕，单单只用声音来进行操作，不仅可以完成拨号应答，而且还能逐个操作各项功能。

不过全部用声音来控制的手机，有时也会有很多麻烦，比如，在吵闹的公共汽车上，酒吧或聚会场所，即便你扯着嗓子大声喊，手机也未必会有反应；如果在电影院或图书馆中，这种需要绝对安静的场所，也不方便大声打电话；还有士兵或警察在执行秘密任务时，就更不能轻易发出任何声音了。

为此，"美国国防部先进技术项目研究所"的科学家们正在进行一项研究，希望用一种无声感应器直接感应人的神经与肌肉的活动，如果项目获得成功，那么人们不用通过声音，也能传递打手机了。科学家把一种电子图像感应器戴在实验者的脖子上，根据记录神经元网络的数据辨认出词语，再将这些语言图形发送给一个与电脑相连的发声器，于是手机就能重新读出实验者本来要说的句子了。这种手机的出现对于那些无法讲话的残疾人来说。无疑也是一个福音。

随时随地为手机充电

如果正在接一个重要的电话，而此时的手机却突然没电了，这绝对是一件令人头疼的事。但现在，印度某大学利用风力推动涡轮来为手机充电的技术已获得了初步成功，这项技术的原理来自于风车被风吹动，就能产生能量的道理。

风力推动涡轮旋转也可以产生电能。这种涡轮非常小巧，可装进口袋里随身携带。在将来，带有这种设备的手机特别适宜用户在汽车，或者火车上完成手机的充电工作，用户需要做的仅仅是把涡轮充电设备伸出车窗外就可以了。

燃料电池技术的出现已有一段时间，但通常是与汽车相关。然而，燃料电池将来也可能会为手机供电。这种手机电池的充电可以立即完成，无需再等候几个小时。使用者只需把少量甲醇注入燃料电池内部的容器中，一瓶12毫升甲醇足够进行60小时的通话，电池待机时间会长达近400小时。

未来手机用上"菠菜电池"

菠菜营养丰富，大家都知道，可在将来，菠菜不光只是让我们拿来吃，它还有其他用途，那就是用来做电池，为手机或掌上电脑提供绿色环保的能源。

这种想法听起来似乎很荒唐，但30年后这的确将是不折不扣的事实。近日，美国科学家们已经成功研制出了"菠菜电池"，不久，我们的手机里也将会装配上这种真正绿色的电池。

当今最先进的摄像手机

我们都知道，绿色植物能够通过光合作用，把太阳光能转化成生长的养份，但——"所有的绿色植物无论大小，都能通过光合作用把光子转化为电子，即把太阳光转变成电"，科学家解释说。在研究植物光合作用的实验中，科学家发现，植物体中有种叫做"光合体系一号"的蛋白复合物，能够把太阳光能转化为电能。虽然蛋白复合物所转变的电能非常小，但却给了人们极好的启发。科学家表示，将在自然界规律的指引下，使这种物质能够真正为人所用。

考虑到菠菜含有很高的叶绿素，价格又十分便宜，而且一年四季都有，所以科学家把最后的研究对象锁定在它身上。科学家制作出一种特殊的微小菠菜电池，这种菠菜电池里含有很多菠菜的"光合体系一号"蛋白复合物和导电材料。但这里存在一个问题：所有的蛋白质发挥作用时都需要水，而水是手机的"天敌"。这种情况下，科学家从包裹在种子外表的油层得到启示：给菠菜电池"穿"上一件既能够保护蛋白质在有水环境中的生存，又能帮助手机防水的"外衣"。

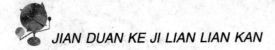
　　但目前还需要更长时间的研究，以确保菠菜电池能够真正投入使用，为手机提供长效电能。这里还有一个问题需要解决，就是，当菠菜电池最终成熟被推向市场后，也不可能完全代替现在的电池，因为依赖光合作用的"光合体系一号"在黑暗中是无法工作的。

　　看了这么多关于未来手机的介绍，我们是不是都在感叹科技的神奇力量呢？不过这些可都是跟科学家辛苦劳动分不开的呀！

超级遥控术

任何机器都有一个专门控制它的控制系统，然后我们才能通过那些各式各样的控制键，来操控机器为我们服务。虽然在功能上，目前许多新式电器比原来已经进步了很多。但还是需要我们亲自动手来操控，那么，将来是否能用我们的思维意识来控制机器呢？这个问题引起了科学家们的注意和兴趣。

目前科学家们已经开始了实验，他们从和人类最相近的灵长类动物大脑中，记录下一些思维信号，并对这些思维信号进行破解，然后再用这些得到的思维信号，对实验用的机器装置进行控制，并取得了相应的成功，朝着开发出用意识控制机器的目标又迈进了一大步。

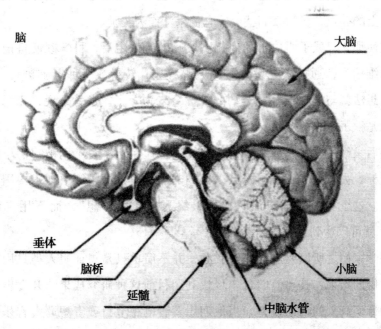

脑

大脑

垂体

脑桥

延髓

中脑水管

小脑

人类大脑解剖图

让我们一起来看看这项实验是如何进行的吧！科学家们介绍说："当我们做出移动手指等简单行为时，在我们大脑中就有专门的区域来进行控制。就好像我们上学一样，每门课程由不同的老师负责教授，每个老师只负责自己教的功课。当我们想看电视的时候，我们最直接的反映就是我们先要找到电视的开关才能打开电视，这个思考的过程是由大脑中的一条神经控制；而我们打开电视这个动作又是由另外一条神经进行控制。"

在此之前，科学家们就已经通过在猴子的大脑中，植入一种专门记录猴子大脑思维运动的芯片，来记录并破解出猴子大脑运动神经中枢的信号。简单来说，大脑的神经中枢就好比是电脑的"中央处理器"（CPU）一样，中央处理器是电脑的核心系统，也是电脑的心脏。

在新实验中，科学家们分别在3只猴子的脑顶叶皮质区植入了特殊的记录芯片，以便记录下它们的思维信号并进行破解。植入了芯片之后，科学家们便开始对这3只猴子进行"培训"，先让它们观察电脑显示屏上一个运动的亮点，然后让它们的大脑进行思维并做出反映。如果这些猴子伸出爪子触摸了屏幕上的亮点，科学家们就会给它们果汁作为奖励。

在使那3只猴子明白了如何得到奖励的方法之后，科学家便将记录下的猴子思维信号，通过事先设计好的电脑程序，转换成一种电脑语言，这样，猴子的想法就与电脑屏幕上运动的光标合二为一了。也就是说，光标运动代表的就是猴子思维的运动。

随后又经过了几天训练，科学家成功地让猴子学会了用被它们思维所控制的光标，去触摸屏幕上的光点以得到奖品，而不再是简单地直接用手去触摸屏幕。这个实验就是想证明猴子最终只需要用"想"，而不用再动手去"做"，就可以达到目的。

科学家们之所以要进行此项实验，并不简单只是想证明人类只用想就可以得到做的结果，其实他们希望尽快利用目前这种研究成果，开发出类似专门帮助瘫痪病人的辅助设备。当他们想要看电视节目或者想欣赏音乐时，通过这项技术，他们就可以只靠自己的意识而不用行动，也就是只用"想"而不用"做"就可以完成了。科学家们已经向"美国食品和药物管理局"提出了向 5 名全身瘫痪者的大脑植入这种芯片，进行研究的申请。但科学家们同时又指出，植入人脑的记忆芯片可能会有一些副作用，会导致人的行为失控等一些后遗症；此外，目前所用的装置离实用化也还有很大的距离。因此，开发出真正能利用人脑思维控制的装置，还需要科学家们的继续努力，但愿这种设备能早日研究成功。

未来灯光收发电邮

一听到"电邮"这个词，大家第一想到的就是计算机网络，但肯定从来没有想过，有天我们会利用灯光就可以收发邮件。下面就让我们一起来看看未来是如何借灯光来收发邮件的吧。

未来的电灯接收电邮

想象一下，30年后的某一天，你正在家里欣赏精彩的电视节目，但这时正好有电邮需要接收，你是不是会急急忙忙跑到电脑前，开机、上网、收邮件呢？

现在确实是这样的，但到那时你会仍旧坐在沙发上，很轻松地打开家里的电灯，利用灯光顺利接收到了电邮，前后也不过才一分钟的时间。

你一定很想知道这个发明是基于什么原理而产生和发展的吧？马上告诉你！

我们都知道马路上有交通灯指挥着来往汽车、行人，但大家有没有想过，指挥交通的红绿灯是如何变换，又是如何产生红、黄、绿这几种颜色的呢？那是因为在交通灯里有一种发光机器，这种机器利用特殊的芯片作为发光材料，然后在这个机器中进行一系列物理化学转换，直接发射出红、黄、绿的光。这种原理也广泛见于日常生活中，比如家里的电视、电脑机箱和显示器、VCD或DVD、音响等等上面发出各种颜色的指示灯，也同样是利用这种原理来制造的。这种用于制造交通灯的光源简称为LED。

第一部电话的发明者贝尔

而且，LED 也是种非常节能的光源。

现在全世界都有能源短缺的问题，节约能源就成了我们未来面临的重要问题。在照明领域，LED 发光产品的应用正吸引着全人类的目光，LED 作为一种新型的绿色光源产品，必然是未来发展的趋势，毫无疑问，21 世纪将进入以 LED 为代表的新型照明光源时代。

其实用"电灯泡接收电邮"这项未来发明就是科学家们在采用现有的 LED 照明基础设施上，只稍微作些改动，来替换我们现在家里用的日光灯光源，就可以在 10 米的范围内高速发送信息流量了。

利用这项发明技术，除了收发电邮外，当你在一幢大楼里迷路时，你只要将手机对准天花板上的电灯，救援者就可以精确找出你所在的正确位置；汽车也可以利用前灯及后灯和汽车的电脑系统交换信息，告诉司机前方是否有塞车：同样的，当我们看电视时，利用这项技术，通过电视机里的节目讯号转移，可以使一台电视传到另一台上。

从另一方面思考问题

首先想出这个点子的是日本的一位教授。这位教授告诉我们：LED 的工作原理就类似于我们的大脑在思考问题时的运作。

我们在作出的思维决断后，就会以高速度，大信息量的生物电形式传递到肢体，使对方能及时了解到我们的想法。

科学家们研究显示，LED 光源中白色的光源每秒可以发送 80 兆的信息，而红色及绿色分别可以达到 200 及 500 兆。从这些数字就可以看出，彩色光源比普通白色光源传递的信息量要高出很多。因此，在传递各种电子信息时也能起到类似于人类大脑的功能。

虽然这种技术听起来很先进，实际上雏形在很早前就已经出现了。世界上第一部电话的发明者亚历山大·格拉姆·贝尔在 1880 年时就有过类似的观念。

可是为什么在接下来的一个多世纪里，就没人在这领域里作些尝试呢？那是因为他们都把大部分时间花在研究如何提高设备的性能上去了。"很少人愿意在这块自由的空间里做这项研究。"

但是自从这位日本教授有此构想之后，他便开始寻找可以一起合作研究的对象，我们熟悉的日本索尼公司便是其重要的合作伙伴。随即，这位教授所在的大学与索尼公司马上组成了专门的研究小组，这项研究刚一有些眉目，诱人的市场前景又吸引了更多的厂商纷纷加入。

电脑网络容易受到黑客的侵扰，"用灯光收邮件"也一样，但解决办法却简单得多。这位教授宣称："光"比其他的无线通信技术有更多的优点，黑客虽然能够入侵所有的机密性无线电流量，但光一旦受到干扰，通信就会中断。要保护隐私也较容易，只要关上门窗，就可以避免光源跑到别的房间或室外

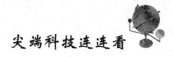

去了；手机使用者也可以对这种通信做一些控制，如果你不想被追踪，那就可以将手机放到口袋里，不见光就可以了。

　　30 年后，我们舒服坐在沙发里，一边看电视一边用电灯接收电邮的日子指日可待了。

变成"机器人"的动物

你能把动物和机器人联系在一起吗？当然可以了！现在不是有会叫、会跳，供人们娱乐的机器狗、机器猫吗？

不过这些都是像动物一样的机器人，而不是真正的动物，这里要介绍的是给真的动物安装上一些装置，使之成为"机器人"。

戴上"帽子"就能服从命令

到底是动物，还是机器人？小白鼠的头上戴着"芯片帽子"，按照人的指令，向左转、向右转、向前进……这一幕发生在一个机器人研究中心的实验室里。自动化学者和生理学学者通力合作，"动物机器人"的项目取得了初步成功。

我们还都会对一只叫"舒克"、一只叫"贝塔"的小老鼠记忆犹新吧？这是两只会开飞机、会开坦克、会开飞碟的小老鼠。虽然这只是童话故事，不过今后，童话也许不再是童话，不久以后，小老鼠就真的可以头戴芯片帽子，按照人的指令完成一系列探险活动了。

"动物机器人"的工作优势

"动物机器人"又称为"机器人动物"或"智能动物"，即用人工电信号控制动物的神经系统，实现动物按照人类事先设定好的模式进行活动，使动物变成"机器人式"的动物。但为什么要研制"动物机器人"呢？

头戴芯片帽子的小老老鼠

　　童话故事里的小老鼠之所以"本领高强"，其实是超小的体型给它们带来了大大的便利，它们可以随心所欲进到人类去不了的地方，完成人类办不到的事情，所以，一直以来微型机器人的研究在整个机器人研究领域里是非常重要的。但是，微型机器人研发的困难之一就是自身携带能量能力的限制，它们小巧的体型会成为拥有更大力量的阻碍。

　　现在开发出来的机器人，它们携带的能量主要都消耗在维持自身运动上去了。机器人即使能够到达目的地，但是到开始"做事"的时候，能量却已经差不多快耗尽了，因而无力再去工作、无力再把信息资料传给人类。所以，科学家们想到了动物，希望能借助动物自身的能力完成工作，而它们另外携带的电池能量，完全足够运用于人对动物的控制和反馈讯息。这样，携带能量的"瓶颈"就被突破了。

"动物机器人" 的研究原理

要想达到这一步，工作难度也是不小的。首先，要在老鼠的脑子里植入几根微小电极，它们能把将计算机产生的、具有一定规律的电子信号施加到老鼠大脑里，使之成为具有特定功能的神经系统，然后，在这些电子信号的控制之下，神经系统才能控制老鼠的运动。

对这方面研究的意义，不仅仅在于人能够通过电子信号控制动物的活动。更重要的是，研究者们相信随着这类研究的成熟，"人工电子信号"将会逼真到与生物脑内和体内的实际电信号相同，或基本相同的地步，这就是说，未来的人工信号将会和生物脑自动发出的信号一样自然。接下来的世界恐怕我们会不敢相信的：以后动物们或许真的会和人类一样思考、工作，甚至是开汽车、开飞机都可以。

不过到那个时候，这种系统就会更加标准化、通用化和系统化，还可以根据各种需要，选择是用于人类或是各种动物。这一研究对神经科学、医药科学，残疾人康复都有着巨大的理论和实用价值；同样在军事国防领域也具有重要意义；天空中的鸟和昆虫、水中的鱼类等这些潜在的"智能动物"，具备普通意义上的机器人不可替代的优势，用智能动物实施侦察、破坏和杀伤，具有绝佳的隐蔽性。

也许有一天，利用这项技术人类还能制造出完全服从自己的动物机器人，它们不仅能够完成简单的指令，还能出色地执行人类交给的任何复杂任务。值得提醒大家的是，在这项研究中小白鼠是功不可没的，因为它为人们的实验做出了巨大的牺牲和贡献。

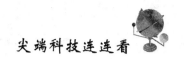

昆虫未来的命运

每当人们提及"濒危物种"这一说法时，便会不由自主地想到外形奇特、为数不多的动物，譬如：老虎、熊猫，猩猩、鲸、秃鹫等。近日，《美国国家地理》发表文章指出，依据最新研究显示，全球绝大多数濒于灭绝的物种却是"微不足道"的昆虫。

你知道吗？在过去600年中，全球已灭绝了4.4万多种昆虫！更令人吃惊的是，大量昆虫灭亡这一趋势将逐年恶化，预计在未来50年里，可能还会有数十万种昆虫走向灭绝之路。"无论是回顾历史上灭绝的动物，还是预测未来濒危灭绝的动物，其中它们大多数都是昆虫物种。"

那么人类为什么对小小个头的昆虫突然给予了这么大的关注呢？因为通过大量的研究，人类越来越感受到昆虫是地球生物圈里不可缺少的一个重要环节，昆虫的物种多样性对于植物授粉、动物尸体分解以及土壤处理都起着关键作用，尤其是那些与多种动物生存密切相关的基本昆虫物种，它们的数量减少和物种灭绝将直接影响自然生态系统和人类生活。

地球——昆虫大世界

地球80%动物物种是由昆虫构成，现鉴别出的就有90多万种昆虫。但是生物学家认为地球还有大量尚未被鉴定的昆虫种类。依据昆虫的多样性和变更性，研究人员指出，地球上可能存活着200万种到1亿种昆虫。

那么如何评估近几十年内会有多少昆虫物种从地球上消失呢？我们可以用"对比法"进行分析：首先，查证过去600年中所记录的灭绝鸟类数目，

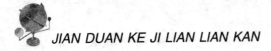
其中129种鸟类已灭绝，这一数目占现有鸟类物种总数的1.3%。假定地球上生活着340万种昆虫，依照鸟类的灭绝比率，那么在过去600年中至少有4.4万昆虫物种已灭绝。

究竟是什么原因导致人类忽视昆虫的灭绝呢？

由于缺乏对昆虫的研究和分析，因而造成只有为数不多的昆虫种类归入地球灭绝物种之列；此外，昆虫体型的微小，增大了研究难度，让生物学家不易发现它，对于一些昆虫种类的"消失"，生物学家很难断定它们是彻底灭绝了，还是由于食物源而另择生息地；与那些体型较大的动物相比，很难探测到某种昆虫是否完全灭绝。"象牙喙啄木鸟"在半个世纪前就被列入绝种动物名单之中，然而近期富有争议的是美国阿肯色州又重现它的踪迹。由此可见，要充分证实一种鸟类的完全灭绝并不是那么容易的，更何况是要证实体型微小的昆虫是否灭绝，其难度就更大了。

大量昆虫是怎样走向灭绝之路的呢？与其他一些哺乳动物一样，许多昆虫种类的灭绝都是与生存环境遭到破坏有关，如果某一种哺乳动物的数量急

这是一种濒临灭绝的蝴蝶

剧骤减，势必会引起人类的关注。但是作为昆虫，研究显示，昆虫与其他大型动物相比，其适宜的生存环境分布在更狭窄的范围内，这就意味着它们的生存环境很容易遭受彻底破坏。这也是许多昆虫物种容易灭绝的主要原因。

在 19 世纪时，"岩石山蝗虫"数量众多，曾被认为是发展美国西部一个很大的阻碍因素。这种昆虫曾经聚集数百万只，横扫美国西部，它们经常形成高 2 米，长数百千米的"蝗虫方阵"，在所经之地"掠夺"食物。但是，岩石山蝗虫对滋生地的环境要求却非常苛刻，只有漫滩栖息地才能大量繁殖它们的后代。随着美国西部大开发步伐的加快，原本岩石山蝗虫繁殖生息的漫滩也成为畜牧场，渐渐地岩石山蝗虫在 20 世纪就从地球上彻底消失了。

除此之外，许多昆虫的灭绝被称为"附加物种灭绝"。譬如：许多鱼类、鸟类、蜥蜴和其他动物身体上都有着像虱子一样的特殊微小寄生虫，这些寄生虫会伴随着宿主动物一起灭绝。同时，当食草类昆虫所食用的植物遭受破坏，它们也会急剧减少直至灭亡。19 世纪末、20 世纪初，栗疫病是世界上最著名的森林病害之一，当时美国栗树几乎在这场灾难中遭受全面灭种的威胁，随之而来的是生活在栗树上的一些昆虫数量骤减，其间至少有 3 种蝴蝶彻底灭绝。

作为地球生物圈的一个组成部分，昆虫灭绝将直接反作用于人类社会。1997 年一项评估报告指出，世界约有 1/3 的农作物依据野生昆虫授粉，如果生态系统中没有这些野生昆虫的授粉，全球农业将损失 1170 亿美元！

人类社会如果打算继续发展下去，也就必须好好关注一下昆虫们的命运，否则 50 年后就真的很难说了。

绵羊自己管自己

"小猪宝贝被农场主带回了农场，初到农场的小猪很不习惯，十分想念自己的妈妈。这时一只牧羊犬充当了猪妈妈的角色，给予小猪温暖及呵护……小猪终于找到了家的感觉。可是，小猪渐渐迷上了牧羊，还梦想自己能成为一只会牧羊的猪。于是，在主人的帮助下，小猪参加了牧羊比赛。它在比赛中受到了周围人的嘲笑与讥讽，但它并不灰心、丧气，仍然以执著的信念在自己的梦想之路上前进。最终，小猪克服了重重困难，赢得了比赛的胜利，实现了自己的梦想。"虽然这只是电影里虚构的情节，但小猪对理想执著的追求，也教会了我们应该如何追求自己的理想。

虽然现在的农场大多已经进入了现代化管理阶段，但是对于动物的管理还是要靠农夫们亲自动手。但是随着一种新式电子系统的发明，在以后30年内农夫们将会有更多的自由时间可供支配，因为羊群可以"自己管理自己"了。

新科技让羊群自己照顾自己

在澳大利亚有着许多的牧场，人们常说："这个国家是'骑在羊背上'立国的，只有领略真正的牧场风情，才能更全面地了解澳大利亚。"

正因为如此，发明这样一种新型电子羊群管理系统，看来是非常有必要的。系统只要通过个人电脑就可以让绵羊们自己决定什么时候吃食、什么时候饮水、什么时候称重以及何时去剪羊毛等等。

澳大利亚研究牧场业的专门人员，有一次对外透露了这种系统的特点：

澳大利亚的牧场景色

这种系统会让羊群更快乐，也让农夫们有更多的时间去做其他的事情，因为这是未来一种新型管理方法，那就是——动物们永远意识不到自己正在被管理着而是让它们自己管理自己的日常生活。

新科技如何管理羊群

出于对牧场环境的考虑，这种系统将采用太阳能电池提供能量，并由多个部分组成：电子标签，一个自动圈羊系统、一个软件包和上网通信系统。"牧民们可以在市中心的家里，通过这种新系统看到农场里的羊们都干了些什么，而且可以通过预先编程把它们区分开来。"

这一系统以一连串所谓的"诱骗羊圈"为基础，这种诱骗羊圈可以通过向外播放一种能吸引绵羊的电磁波、让绵羊们乖乖地排成一列纵队。当绵羊逐个通过羊圈门时，门旁边的标签读卡机就可以通过阅读夹在羊耳朵上的电子标签识别每一只羊，而且每一只羊都可以在自动称重平台上过秤。之后，系统会自动建立起每一只羊的情况档案。"很显然，动物们天生都知道自己什么时候要喝水了，然而现在我们还可以轻而易举地知道它们各自的身份、它们今天又重了多少、是什么时间称的。"

另外，这种系统还有一个特别的功用：农场主可以事先编好程序，当有羊可以上市或者需要催肥时，系统就会自动按照事先设定好的标准，把它们挑选出来，并告诉农场主："这只可以。"然后被选出的羊会被电磁波控制，自动走到一边，让人们把它带走。电子系统还会告诉农场主："你需要对其进行额外的喂养。"然后把羊圈的门打开，需要进食的羊也就会在电磁波的控制下自动走出来，得到足够的食物，然后再回到原来的地方。

"电子鼻"闻出绵羊的身体状况

当水槽的水没剩多少时，装在水槽里的电子感应器就会向系统发出信号，然后系统就会自动加水。另外，研究人员还打算发明一种电子鼻，利用它可以"闻出"绵羊的健康情况，例如：是否受到苍蝇和蚊虫的叮扰，然后还会自动喷出药来杀死蚊虫。

科学家发现，如果一旦绵羊受到蚊蝇蛆的叮咬，它们就会发出一种特别的气味，电子鼻就会根据这种气味的改变找出这只绵羊，然后把它隔离到一边，再查明到底有多少只被蚊虫咬伤的羊，并迅速通知农场主。

30年后，当我们踏上澳大利亚大草原时，可能再也看不到牧羊人骑着马、带着牧羊犬、赶着一大群白花花绵羊的场景了，取而代之的是一大群绵羊悠然自得地"自己管理着自己"。再仔细看看，原来在草原的边上还有几个不显眼的仪器设备竖立着，这正是让羊群"自我管理"的根本所在。

打针可以减肥

不知道从何时起，肥胖已经变得不再单纯，它是目前危害人类身体健康的又一大隐形"杀手"。仅仅就美国来看，就有 1/3 的美国人处于肥胖状态。并不是由于美国人懒得去减肥，事实上他们每年花在减肥药丸、规定食物、健康俱乐部和其他帮助减肥方法上的费用就高达 300 亿美元。

减肥也不再是个人的事情，几十年来，全世界的科学家都在致力于研究快速而简单的减肥方法。最近，一家瑞士公司宣布，他们已经找到了一种独特的减肥方法：注射"肥胖疫苗"，而且将在未来 10 年内推广到市场上去。当然，这和预防小儿麻痹症或流感的疫苗是有区别的，因为"肥胖疫苗"可以治疗肥胖，而不仅仅只是预防。

多肽激素与肥胖

科学家们指出，现代人的健康与疫苗息息相关，如果没有疫苗，很难想象今天的人类社会会是什么样子。

过去，疫苗只是用于预防疾病。可是，医学科技发展到今天，疫苗可以在更广泛的领域造福人类，肥胖疫苗的概念因此而生。这种特殊疫苗的原理是让疫苗在人体内，对多肽激素产生免疫反应，而多肽激素是由胃细胞分泌出的一种氨基酸。

一般人们体重减轻后，血液中多肽激素的含量便迅速上升，这可能就是许多人很难保持正常体重的原因。还有一些研究显示，切除部分胃的手术，在控制肥胖方面是有效的，部分原因是胃缩小后，体内多肽激素的含量就会下降。

减肥疫苗的工作原理就在于此，它指示免疫系统释放出依附在多肽激素上的抗体，并且把它控制在血液里。因为多肽激素一旦进入大脑，就会引发饥饿感。

动物身上实验效果明显

但是，这种疫苗真的能解决人们的肥胖问题吗？现在，研究人员还无法确定疫苗是否安全，是否真的有效，他们只是在老鼠身上进行了实验。给老鼠注射这种疫苗以后，老鼠可以产生更多的多肽激素抗体，注射疫苗的老鼠以高脂食品为主食，增加的体重却比未注射疫苗的老鼠减少了15%。

但是，至于这种疫苗究竟适不适合人类，还不得而知。目前，研究人员已经招收了112名肥胖志愿者，研究人员将用"肥胖疫苗"对他们进行治疗试验，并对他们进行6个月的观察，有望在一年内得到初步结果，如果该疫苗试验成功，这肯定是肥胖患者的福音。但需要强调的是，即使这种疫苗确实可以导致适当的免疫反应，它也无法轻易地将身体里过多的脂肪"融化掉"，因为它只能调节食欲。而且，接受疫苗注射的人需要多次注射，直到他们的体重降到最佳状态。

最关键的是，研究人员现在还不知道这种疫苗是否有副作用，他们已将这个问题作为试验的重点。

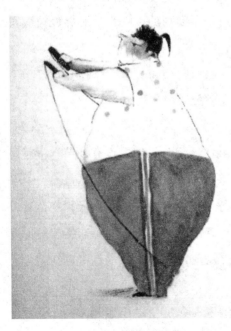

目前最好的减肥方法就是运动

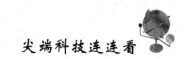

一些医生指出，利用免疫系统来改进正常食欲信号系统可能有一定风险，不排除减肥不成功的同时反而导致其他饮食问题的产生。

各式未来减肥术

让我们再去看看其他一些国家，对减肥药物的研究吧！英国正在研究一种含有某种激素的抗脂肪注射液。人体内的小肠可以分泌出这种激素，它会让大脑意识到身体吃饱了。研究人员认为，这种激素注射剂可以帮助肥胖患者少吃食物。

在一个小规模的研究中，注射这种激素人的体重，比服用其他减肥药物的人减少了将近5千克。虽然研究人员还需要更多的研究，以确定这种针剂的效果。但是，它并不是真正的疫苗，因为它与免疫系统没有任何联系。

德国某医药公司也正在努力研制另一种新型减肥药，和"肥胖疫苗"一样的是，这种药物也是通过控制多肽激素来控制肥胖。但不同的是，其并不影响免疫系统，它只是控制血液中的多肽激素，达到控制食欲的目的。在一项为期7天的研究中，服用这种药物的老鼠比其他老鼠减去了更多的体重。

尽管一些新的减肥药物很快就会在市场上出现，但专家们表示，短时间内也许不会出现效果特别明显的减肥药。现在而言，最好的减肥和保持体重的方法，还是传统的控制饮食和加强体育锻炼，因为生命在于运动！

两颗记忆神药

考试前一天，还有好多知识没有复习完，该怎么办呢？要是这时候能有"机器猫"的帮忙就好了，它会拿出"默书面包"或是"万能笔"，只要把复习资料印在"默书面包"上，然后吃下去就能轻松记住所有知识了。

其实大多数人在重要考试前夕，都有过彻夜难眠的经验；或许也有人幻想过发明一种强化记忆的药物，服一粒就能保证所有知识数据都会牢牢记住，假如真的有公司能够生产出这样的"记忆丸"，不但对于许多复习考试的学生来说是个"福星"，而且对于好多患有精神疾病的病人来说也是一个福音。

第一颗记忆神药——远离老年痴呆症的困扰

科学的魅力就在于能把想象变成现实。事实上，美国已经有不少制药公司正在为攻克老年痴呆症而努力了。顾名思义，老年痴呆症的发生人群主要是以老年人为主，目前，光美国就有 450 万的人患上了这种病。接下来的几十年中，世界大多数国家都将进入"老龄化社会"，将会有更多的老人深受老年痴呆症的困扰。仅仅 2003 年，美国因为照料和治疗老年痴呆症的病人，就耗费了 1 000 亿美元。

而正在开发的这些治疗老年痴呆症的药物，主要是针对病人脑部形成的一些斑块而发生作用，这些斑块就是导致患者大脑敏锐程度降低的罪魁祸首。

世上无难事，只怕有心人。攻克老年痴呆症的难度一点都不亚于攻克癌症。但任何病重要的是防而不是治疗，对老年痴呆症而言也是如此。大脑激活药物并不是一种治疗性药物，而是能起到预防、保健作用的药物。

30 年、50 年后，就算全世界都进入了一个老龄化社会，我们到那时也变成了白发苍苍的老人，但也大可不必担心自己的智力问题了。

第二颗记忆神药——减轻学习压力

社会不停向前发展，想要跟上社会前进的步伐，就要不断学习和提高自身技能。现在的人们，需要学习的知识正在飞速增长，接受知识的途径也发生了根本性的变化。可强度这么大的学习，精力难免会跟不上，这样的话最好也能借助一下药物的帮助。

自从科学家们了解到人们的这种需要之后，就一直想发明一种能够帮助人们更快、更好接受知识的药物，这样的药物在很多科幻小说、电影、电视里都有过出现，但那都只不过是科幻而已。

学习过程实际上是大脑中数十亿个神经细胞之间的通讯过程。一般来说，人刚出生时，每个大脑有 2 500 个神经腱；等到 3 岁时，每个大脑细胞的神经腱就会增加到 1.5 万个；20 岁的时候又会翻倍，达到 3 万个，也就是这 3 万个神经腱与 1 000 亿个神经细胞相连，使大脑接受新的知识，其潜力之大，令人难以置信。

目前有一种被人们称为"大脑加油站"，能够提高记忆力的药物即将在美国通过人体试验，预计可能在 30 年内投入市场。这种药物可以通过作用于大脑记忆的形成过程，达到提高记忆力的目的：还可以使人脑中的短期记忆信息长期保持。它能够激活人类细胞中的一种基因，

一位老年痴呆症患者

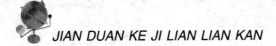

这种基因一旦被激活，将使大脑记忆力更加惊人。为了检验这种药的效果，科学家们首先在果蝇身上进行了试验。果蝇是一种小型蝇类，比普通苍蝇小得多。之所以选择果蝇作为实验对象，是因为它虽然是较低级的动物，可是体内却有着十分复杂，结构精密的信息系统。

注射了这种药物的果蝇在仅仅遭遇了一次杀虫剂后，就学会了躲避。而没有注射这种药物的果蝇在最终学会躲避之前，暴露在杀虫剂中的次数平均是前者的 10 倍。相似的实验还有：把口服的这类药物，在训练前 20 分钟或在训练后 60 分钟给老鼠服下，结果显示，老鼠的记忆力得到了有效的提高。

大脑激活药物的出现无疑是为患者们注入了强心针。但目前，这种"神药"还只是用来作为提神药，治疗发作性嗜睡症或是其他一些睡眠混乱疾病。在未来社会，人们的工作、学习强度将越来越大，需要记忆的知识也越来越多，所以增强记忆以及提神药物的市场需求是巨大的，聪明的商人们是不会忽视这一市场的。

给生命装个"开关"

我们都知道人死了是不可能再活过来，这也是生命最脆弱，最渺小的一面。但是，科学家们似乎并不愿意面对这个事实，他们不断地研究探索，希望能够找到重新唤醒逝去生命的方法，通过科学家们的不懈努力，这一切就要美梦成真了！

在实验室里，科学家们分别把猪和狗的血液抽干，然后再用冰冻的盐水，把被抽干的血管填满。几个小时之后科学家们再"妙手回春"，把这些已经"死去"的动物重新"唤醒"。这绝对不是某部科幻电影里的情节，而是一种最新的掌握生命的技术，生命此时就好像电灯的开关一样，可以随时打开或关闭，这种新技术或许能为以后的医学发展带来革命性变化。而且，很快就会有第一批志愿者参与这项研究了。

让生命重新开始

怦怦，心脏开始缓慢地跳动，接着就听见打鼾的声音……接着，一头猪站了起来，眼睛里充满了对这个"新世界"的好奇，打量着笼子外面的科研人员。

来自美国一位参与研究的外科医生介绍说："这头猪曾经死了几个小时，不过我们把它从死神手中'抢'了回来。你看，现在它又在笼子里活蹦乱跳了起来。"

与此同时，在奥地利首都，维也纳总医院的动物试验室里，类似的试验也正在进行。在那里，研究者先用电击使猪的心脏停止跳动，在30分钟的

"死亡"状态后，通过实验医生的"妙手"，猪又睁开眼睛活了过来。医生解释说："奇迹产生的原因是，只要这些动物的神经没有受到损害，它们就能再度复活。"在过去的几年时间里，这两个研究小组已经用此方法，让几百头猪"死而复生"了。

虽然，这些实验看起来就像是科幻电影里的情节。但是，科学家却充满信心地表示，这绝对不是科幻片，他们估计在 10 年内就能让人从几小时的死亡状态中重新复活。

在美国的很多城市中，例如：匹兹堡、巴尔的摩、洛杉矶和休斯敦，一些医生们已经开始准备在人身上进行此项技术的应用了。

那么，到底什么样的人才是这项技术最大的受益者呢？科学家们打算先把这项技术运用到那些受到严重枪伤或是外伤的重伤患者身上。因为相对来说，这些外伤更加容易治好。但是往往由于时间紧迫，就目前来看，在医生采取必要的救护措施之前，20 名患者中就会有 19 名因为失血过多而死亡，如果先让这些垂死病人的生命进入到一种"停止"状态，那么医生就能争取更多的宝贵时间，把伤者送到医院再进行手术急救。

这和从前为病人输血的方法恰恰相反，急救医生必须先把病人的血液在几分钟内全部抽干，然后再把抽出来的血液收集起来，同时以最快的速度，为病人输入冰冻过的生理盐溶液，并把病人的血液保温储存起来。一直等到病人到了医院，把伤口处理完毕后，医生再把病人自己温暖的血液重新输入到体内，让他得以重生。

生命回归的"秘密武器"

有一些致力于研究心脏病突发病症的研究人员，在猪的身上模拟人在心脏病发作时，心脏突然停止跳动的情况。结果他们沮丧地发现，在心脏完全停止跳动 15 分钟后，用心脏按摩、电击等传统方法，只能使极少数的猪重新苏醒过来。可是，如果把 3 升冰冷的生理盐溶液注射进"死掉"的实验猪体

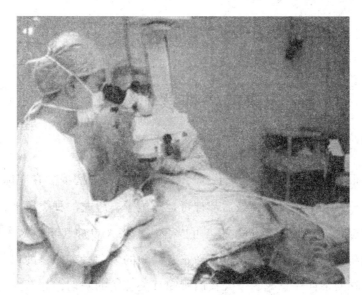

医生正在抢救一名重伤病人

内，20 分钟以后再给这些猪接上检查心肺的仪器，等待 24 小时，这些"死掉"的猪有 85% 能够重新苏醒过来，并且没有任何后遗症。

为什么寒冷能够保护生物"不死"，科学家至今还不是完全明白其中的道理。但可以肯定的是：生物在死亡后，体内细胞仍旧会持续一段时间的新陈代谢，而这时血液中剩余的氧气反而是有害的，会使得新陈代谢促进细胞的加速死亡。

但是，人们发现这个过程好像能用冰冻的生理盐溶液来阻止。因为，生理盐溶液的低温能大量减少生物体新陈代谢的活动：还有就是，生理盐溶液能把血液和血液中的氧气完全从人体组织中排除出去。这样一来，相当于保护了生物体内的细胞，这个时候生物体就好像进入了一个"冰冻状态"。科学家目前最好的实验纪录是：狗最多能有 3 小时的"暂死"状态：老鼠最多能坚持 6 个小时。

人类未来前往另一个生命空间的旅程到底有多遥远，还没有人能够预见；飞向其他未知星球的航程暂时也还无法预订。人们可以随时复活的梦想，也还需要耐心等待上一段时间。

未来的"侏罗纪公园"

很久很久以前，地球上曾居住着一群奇特生物——恐龙。它们称霸地球，生存了近一万五千年之久，最后却神奇地灭绝了。恐龙的种类繁多，体形和习性相差也很大。其中个子大的，可以有几十头大象加起来那么大；小的，却跟一只鸡差不多。就食性来说，恐龙有温顺的素食者和凶暴的肉食者，还有荤素都吃的杂食性恐龙。今天我们所知有关恐龙的一切，都是由研究恐龙化石得来的。

大概没有人会不知道《侏罗纪公园》这部引领人们走进恐龙世界的经典科幻电影吧？人们在影片中领略到了霸王龙的凶残，长颈龙的温顺；还有集力量、速度、高智商为一体的速龙等等，影片中这些恐龙全都栩栩如生。但是真像电影里所演的，恐龙真会重新出现在地球上吗？

恐龙化石中的软组织

最近，美国北卡罗来纳州立大学的古生物学家就宣称，他们已经从距今7 000万年前的霸王龙腿骨化石中分离出了软组织。被分离出的软组织几乎是"完好无损的"，而且还是透明和具有韧性的，在显微镜下看起来，血管和细胞的内部结构还依然存在。

同样，研究人员在至少3个其他保存完好的恐龙样本里，进行了同样的分离实验。一个是8 000万年前的鸭嘴龙化石；两个是6 500万年前其他的恐龙化石。结果发现这3个化石中同样保存着血管、像细胞一样的组织、类似骨胶原质的柔韧物质……

电影"侏罗纪公园"的剧照

一般来说，化石中的有机分子在超过 10 万年后就不能保存下来。但古生物专家们希望进一步的研究能准确揭示，从这些化石骨头中分离出的软组织构成究竟是什么。如果这些软组织真是由恐龙有机细胞构成的话，那么那里就应该保存有基因信息。根据专家们的大胆推测，如果能够从这些恐龙的软组织中分离出特定的蛋白质，或许就能更进一步了解恐龙的生理构造，甚至从中提取恐龙的 DNA 也不是完全没有可能。如果真的能提取到恐龙的 DNA，那么复活科幻电影《侏罗纪公园》中的恐龙或许会真的成为现实。

复活塔斯马尼亚虎

日前，澳大利亚一个科学小组领导人宣布，他们将启动一项使灭绝动物复活的项目——复活塔斯马尼亚虎！

澳大利亚的古生物学家计划，从博物馆收藏的塔斯马尼亚虎标本的骨骼和牙齿中提取其基因组织。但是，这个曾一度中断而又打算再次恢复的研究还是受到了部分人的怀疑。

其实早在 1999 年，一位澳大利亚古生物学家就尝试过，从浸泡在药液中的塔斯马尼亚虎幼崽标本上提取并恢复其 DNA，并打算用其 DNA 克隆这种已经灭绝的动物。不过 2003 年，由于无端的猜测和怀疑，他被迫离开了博物馆研究室，这一项目也被迫停止了。因为怀疑者们声称，他是无法从这种动物标本内找到质量足够好的 DNA 的。

艰巨的"复活"工作

目前，被人类发现的恐龙化石一般都属于动物硬体化石，而这些远古动物的肌肉、皮肤只有在特定条件下木乃伊化才可能保存下来。即使真的能发现恐龙化石中保存有软骨组织，但这些软组织也可能在漫长的演化过程中硬化了，只是保持着完整的外形，内部的 DNA 却很难被测定。

如果人类真的希望复活恐龙，那么，首先就是要确保获得完整的恐龙遗传信息，而做到这一点就非常难。人们必须面临，怎么在保证不受其他物质污染影响的情况下，通过一系列科学手段得到尽可能多的恐龙 DNA 的信息；怎么修补 DNA 信息缺失的部分……如果在这一过程中发生任何错误，那么复活恐龙就是一句空话，甚至会导致复制出无法想象的怪物。人类何时能复活出恐龙、何时能够修建一座真正的"侏罗纪公园"，我们或许还要等上一段时间，也或许就在 50 年以内。

装在身上的显示器

大家都知道，显示器是电脑的重要组成部分，它就好像是电脑的窗口，可以让人们看到电脑的"思想"。其实在现代社会里，显示器的身影无处不在。

从早期的黑白世界到现在的色彩世界，显示器发展走过了漫长而艰辛的历程，随着科学技术的飞速发展，显示器的种类也越来越多。例如：普通显示器，纯平显示器、液晶显示器、多媒体显示器等等。但比起接下来要介绍的这款显示器，以上这些都算不了什么了。

植入皮肤里的显示器

最近，美国加利福尼亚分子制造所的资深研究员小罗伯特·A·福莱塔斯根据一种理论，正在研究能够植入到人类皮肤里面的显示器。这种显示器实际上是由无数植入人体内部、如同飘浮在空气中，灰尘颗粒大小的机器人来组合成的。它可以用来即时检查人的心率或是胆固醇的含量，具有很大的医疗价值。

那些被植入皮肤下的机器人是一种能发光的机器人。这些机器人能够根据相应的需要，通过排列出不同的词语、数字甚至是动画来显示不同含义的数据。它们所显示的数据，是从另外一些负责监控人体内部，重要生理变化的纳米机器人那里得到的。使用这种特殊显示器的病人只需要用手指操作触摸屏，就能在皮肤上通过显示器来了解自己身体的不同变化。看来纳米技术又一次扩大了它的应用领域。

分工明确的"团队"

此项技术的研究者，很早就在他自己编著的一系列图书中，把他的这种想法展现出来了。在这些书籍中，他分析了纳米机器人在医学中各种可能的用途。这种新型显示器不但要依靠纳米机器人显示数据，还必须要将它们集合在一起，成为一个分工明确的"团队"。这样在使用时，才会有数百万的纳米机器人分布到患者全身各处的组织、骨骼以及血液里。它们将在这些地方对身体内部的各种数据参数进行监测。并定期将它们的发现传送到负责显示的机器人那里，并且这一联系网络也将是由这种微型机器人组成的。

这些微小的纳米机器人会被植入皮肤下 200 到 300 微米处。显示数据时，将有三百万个机器人聚集在一起，并在手背上或是胳膊的前臂处出现一个 65 厘米的显示范围，让患者和医护人员对需要得到的身体健康指数一目了然。

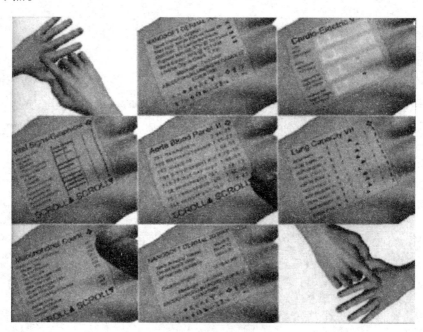

未来的"手掌显示器"

就地取材获取动力

这些如灰尘般大小的机器人将按照预先安排好的程序，进入指定的位置，并就地取材，从人体获得微量的氧气和葡萄糖作为自己活动的动力来源。当使用者启动它们时，它们能够通过植入自己表面，类似于晶体管的元素发出光亮；关闭后，人的皮肤就会自动恢复原来的颜色。

其实，这种皮肤显示器的运用范围，远远不止这些，它不但可以用于医学方面，还能够被当作植入人体内部的个人数据助理、MP3，甚至是视频播放器来使用呢。想想看，到时你只要用手，在安装了这种显示器的身体任何部位，轻轻点击一下，就能看电视和听音乐了，那是不是一件很酷的事情呢？

另外，这种显示器永远无需充电或更换电池，因为它是直接从使用者身上获取葡萄糖和氧气作为能量的。而不再需要费心思去研究，如何让它时刻保持充足的能量。这点听起来非常令人激动。

目前，根据这种理论，科学家们正致力于研究如何才能制造出这种纳米机器人。当然，这需要掌握能够制造，并装配更小部件的微型机器的方法才行。

一旦这一步能够实现，接下来人们只要找到一种大量生产这些纳米机器人低廉而高效的方法就可以了。

把恐惧抛在脑后

"老鼠怕猫"这似乎是自然界的一条普遍真理，但事事并非绝对，30 年后老鼠可能就不再怕猫了；而且"不畏险阻"这一成语，在人类社会中说不定也不会再存在了，这是为什么呢？

其实这些现象并不是物种进化所造成的，而是通过科学手段产生的"奇迹"。专家学者们在实验中发现：可以利用遗传学手段或药理学手段，在普通的老鼠身上"动手脚"，使接受这项实验的老鼠不会再产生对恐惧的记忆，成为名副其实的"霸王鼠"，到时候别说是猫，就算是老虎站在面前，也不会让它产生丝毫的畏惧。此项研究同样有可能为消除人类的恐惧记忆提供相应的依据。

阻碍"恐怖信息"的传递

每个人心中的某个角落，总隐藏有一些挥之不去，又刻骨铭心的记忆，而这种记忆往往和悲欢或恐惧等事件密切相关。长期以来，学术界认为，大脑是恐惧记忆建立的神经中枢。

脑功能的实现是建立在神经细胞之间的"突触"连接和信息传递基础上的。两者之间的信息传递能力并非一成不变，而是具有巨大的可塑性。如果神经细胞的活动增加，信息传递能力也会相应地增强。就像学习的过程。

经过多年的研究，专家们发现大脑的"扣带皮层神经细胞"接受体是大脑中一块特定区域，负责监测认知过程中出现的错误，对恐惧记忆的形成起着至关重要的作用。脑功能的实现，是建立在神经细胞之间连接上的，而接

一只不怕人的小白鼠

受体就是它们之间信息通讯的"催化剂"，如果接受体的活性降低或是受到阻碍的话，神经细胞之间的信息传递能力就会相应的变差，因此，接受实验的动物便不会形成恐惧的记忆。

这也就是对"恐惧信息"在传递过程中实施干扰和阻碍，使其无法被完整地记录在大脑里。

药物让老鼠不再产生"恐惧"

既然知道了产生恐怖感觉的原理，那么实验就可以进行了。科学家先是把一只正常的老鼠放到笼子里接受电击，完毕后便放回到笼外……24 小时或 48 小时以后，再把这只老鼠重新放进笼子里。这时，这只老鼠弓着身子，惊恐万分，简直是"一朝被蛇咬，十年怕井绳"的样子。

接下来，实验人员把大脑接受体被破坏的老鼠放在另一个笼子里，也给这只老鼠施加一次电击。同样在 24 小时或 48 小时后，再把这只老鼠放进原先遭到电击的笼子里，结果这只老鼠一点恐惧的反应都没有，好像之前根本就不曾经历过电击的"酷刑"。实际上，这已经证明当大脑接受体的活性被降低或是受阻后，老鼠就不会再形成恐惧记忆了。

既然连电击这样的"酷刑"都不会害怕，那一只小猫又有啥可怕。研究人员虽然没有做过"猫鼠实验"，但是根据常理推断，一只被注射过这种药物的老鼠，是永远不会再怕猫了。

人类同样也需要消除恐惧

人类同样也需要消除恐惧，这会为人类带来很大的福祉，尤其在发生一些灾难性事故后，人们受到严重心理创伤、精神创伤后。

例如：在遭遇到类似"卡特里娜"飓风的重大灾难时，普通人尤其是女性、儿童的内心遭受到了巨大冲击，从而留下严重的精神创伤，这会给将来的生活带来极大的负面影响。

但通过手术的方法显然是不可能的，因为一方面脑部手术的风险是很大的；另一方面费用、耗时也不是一般人所能接受的。那么能不能发明一种药物来达成消除恐惧的目的呢？因为针对老鼠的实验中，研究人员采取的仍旧是手术方式，只是证明了一种生理机能，而直接的药物现在还仍在研究中。

恐惧也有"好处"

心理学家们指出，当一个人面对巨大的恐惧和痛苦，而心理辅导等常规的手段又无法帮助其走出阴影时，能忘记恐惧的药物是有存在意义的。但是，人类还应该有选择性地使用它，不能把它当作治疗一切的"灵丹妙药"。因为恐惧心理也是人们得以积累经验的必备条件，例如：有人走在马路上被行驶的车辆撞倒了，他必然就会产生恐惧心理，以后在路上行走也会更加小心谨慎。而且，适当的恐惧也会让人具备一定的心理承受能力，以免下次遇到更大的打击时无法承受。

由于具备使人类不会形成恐惧的可能性，将来不排除会出现天不怕地不怕、什么都不怕的人，如果这种药物被用心险恶的人利用，就会造成社会的灾难。还有一种不好的可能性就是：这种药物是否会对其他情绪产生影响，暂时还无法确定。因为恐惧和高兴都是处于高度兴奋的、高度唤醒的一种精神状态。因此，不排除人们在失去恐惧感的同时，也不懂得"高兴"为何物了。

不过，科技毕竟是把双刃剑，只要得到合理使用，它就能为人类创造福利。

未来我们不怕疼

人人都有过疼痛的体验，套用一句广告词就是"牙疼不是病，疼起来真要命！"其实牙齿疼也就代表着口腔内出现了问题。疼痛对每一个人来说，都不是一种愉快的体验。摔跤或磕磕碰碰会疼、小病大病也会疼，这种感觉似乎时时刻刻在提醒着我们：人类并没有看起来那么坚强。

很多人害怕去医院，害怕打针，甚至连看到针头就会害怕，那是因为这时潜意识正在向大脑传达疼的信息。不过，还是不得不佩服人类的忍耐性之强，古有神医华佗帮关羽刮骨疗伤，关羽竟然能忍着剧痛继续下棋，而不为所动，这种精神实在值得人敬佩。

随着医学的发展，医学家发明了麻醉剂，从此人们"挨刀子"不用再受"刮骨疗伤"之苦了。但是，麻醉剂治标不治本，因为麻醉过后，人们还是会受到疼痛的困扰……如果能让人麻醉前或麻醉后都感觉不到疼痛，那才是真正的解决之道！目前，美国就正在研制这样一种"疼痛疫苗"，并且在动物身上做了初步的试验，效果显著。

取代传统止痛

"超人"只是人药类幻想中的英雄，而打造现实中的"超人"则是人类经久不衰的一个梦想。科学家们认为，克服疼痛的感觉，能够从某种程度使人变得"坚不可摧"。美国某神经科学家称，他已经在部分人群中检测了这种"疼痛疫苗"的试验效果，他甚至还设想，如果给美国大兵们在战斗前注射这种疫苗，他们就可以在战场上忘记疼痛而奋力作战了。

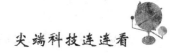

"疼痛疫苗"到底是怎么镇痛的？有不少人提出疑问。所谓"疼痛疫苗"，究竟跟我们现在应用于临床上的一些止痛剂又有什么区别呢？

疼痛疫苗的工作原理

根据研制该"疫苗"的神经科学公司称，这种名为 RI624 的"疼痛疫苗"，其作用原理与现在的止痛药有所不同。现在的止痛药里都含有吗啡，而吗啡是通过对大脑中枢神经系统产生作用，从而减少身体对疼痛感觉的，是一种控制大脑中枢的镇痛药。但"疼痛疫苗"并不作用于中枢神经，它只是降低疼痛感觉向中枢神经发出的传输信号，从而达到镇痛效果。人体的痛觉，首先是身体的某个部位，受到了相应的伤害或刺激才会产生神经冲动，然后经过神经传达到神经中枢，最后才会在大脑中枢里产生痛的感觉。这中间要经过不止一个环节，这种能感觉到疼痛的因子在体内的合成，需要相对应的神经生长因子（NGF）的支持。

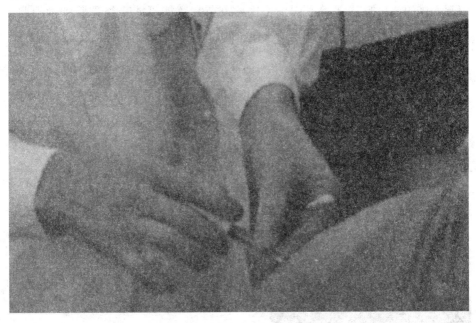

一位医生正在给病人打针

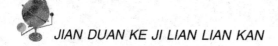

而所谓的"疼痛疫苗",主要是尽量减少对疼痛敏感的因子繁衍。如果因子的生成受到抑制的话,那么传达到中枢神经的信息数量就会减少,随之降低因为疼痛刺激引起的疼痛感觉,最终达到缓解疼痛的目的。这从理论上看是可以解释得通的。

"疼痛疫苗"真的管用吗?

这种"疼痛疫苗"不但具有和传统止痛药物不相上下的镇痛效果,重要的是它没有"继承"传统镇痛剂的副作用。

科学家说:"它绝对不会让服用的人上瘾,而产生依赖,也不会损害人的正常行动能力,这就是它强于传统止痛药的最大优点。"因为这种药品与传统止痛药的作用原理本身就不同。

虽然如此,但是并不能代表它就没有别的副作用。有一点必须指出,那就是这种疫苗本身也是蛋白质,注入人体也有相当大的危险性,它有可能会引起人体的过敏反应等等。因此,这种疫苗究竟能不能最终克服种种问题,应用到人身上,还是个未知数。而且即使应用到了临床治疗中,也还要经过时间的考验,不代表在若干年后就不会出现问题。从目前来看,经常有新发明的药品被召回。原因就是在应用一段时间之后,发现了它的长期副作用。

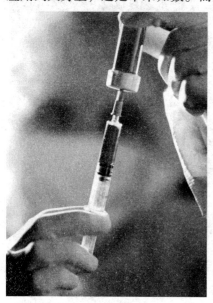

必要的适当疼痛

虽说这种药物有它的好处,但是人类的疼痛感觉大部分是有益的,因为如果没有疼痛的话,就不能及时发现和预防更大伤害的发生,也就无法保护我们

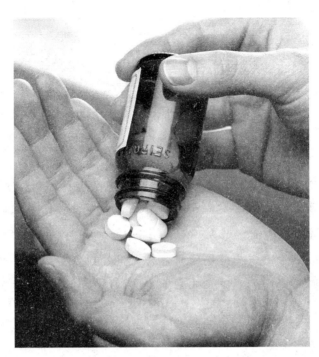

身体的安全。如果疫苗应用在人体上，把"好"痛和"坏"痛全部抑止了，这也是很危险的。正确的方法应该是将"坏"痛抑止"好"痛则继续保留。

　　毕竟，人类努力探索抑制疼痛的方法，这个想法并没有错。对于那些伤害身体的痛来说，的确必须被控制住。否则长期的疼痛会造成很大的痛苦，也会破坏人的免疫系统，造成抵抗力下降，增加人们患病的几率。

人体器官商店

因为生下来心脏就有问题，所以他的童年几乎就是在医院度过的。今年他刚刚年满 10 岁，可是随着年龄的增长，身体却越来越差，虚弱的心脏再也无法负荷成长所需，一天一天衰竭下去。换一个新的健康心脏，这是他活下去的惟一希望……可是谈何容易，想要找到一个和自己完全符合，又不会产生排斥反应的心脏是非常困难的，但这种情况将在 30 年后得到解决。

人体器官供应短缺

在医院里，外科医生常常会遇到，因为疾病和意外事故而需要进行器官、组织的移植或修复手术的病人。虽然目前器官移植手术已日渐成熟，但由于

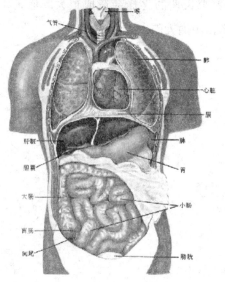

患者所需的健康器官来源极其有限，因此很难做到及时性。1999 年，仅美国就有 72 000 名患者等待器官移植手术，其中有 6 100 人在漫长的等待中去世。

此外，手术后异体器官的排斥反应，更会使手术的成功率大大降低；人造器官虽然已经被采用，但由于外形、材料等种种原因，导致价格十分昂贵，并非人人都能负担，所以目前多数还只能供病人在体外，或少数有钱人使用。

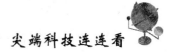
因此，利用组织工程培育出人体各种组织和器官，目前已成为许多国家的重点研究课题。

器官的"连接线"——人造血管

对于制造整体器官来说，组织工程所面临的最大问题是：绝大多数器官需要自己的脉管系统，也就是血管网，来获取所需养料从而进行器官的正常工作。因此，研究人员在制造完整器官之前，必须解决如何制造血管这一难题。两年前，美国麻省理工学院的生物医药专家，用少量从家猪体内提取的细胞，制成了一条完整的"人造血管"。这是一项重大突破。

他们先从一头6个月大的家猪身上提取了少量颈动脉组织切片；然后，将平滑的动脉细胞从切片中分离出来，并用这些细胞覆盖在用可降解聚合物制成的管状框架之外；之后，将每条新制的血管放在各自的培养器皿中，这些培养器皿被称作"生物反应器"。

　　"他们又在反应器上安装了一个微型泵，并把它与新制成的人造血管相连。微型泵可以像人的心脏一样有规律地跳动；微型泵的脉冲作用可使动脉细胞向管状框架内移动，从而将一些细微部分包裹起来，这样会使人造血管更加结实。在这种脉冲环境中培养几个星期后，血管内壁便会生长出内壁细胞来，再继续培养若干天后就可以得到一条完整的血管了。

　　人工合成的血管可以像真的血管一样工作。研究人员将这种人造血管移植到家猪大腿主动脉上，在几周内该血管一直保持开放并且未发生血液凝结。这些新的人造血管对心脏替代手术来说真可谓是雪中送炭啊！

人造毛细血管

　　但要建造更为复杂的器官，则需要人体内最细的血管——毛细血管，这对于当今的制造技术来说是一大难题。研究人员计划采用芯片制造中的光刻技术，来建造毛细血管。微型制造系统的一位物理学家，发现最细的毛细血管直径大约为 10 微米，而他日常所接触的芯片大小却只有 1 微米。

　　实验小组先在一块手掌大小的硅片上，雕刻出毛细血管状相互交织的网状结构。他们在硅片表面覆盖上预先从老鼠身上提取的内皮细胞，内皮细胞会沿着已经雕刻出的网状结构生长，最终可以形成能传送液体的毛细血管；然后，研究人员用雕刻好的硅片作为模板，浇铸上可降解聚合物；再从模板上取出浇铸好的聚合物，进行分层组装，就可以形成全立体的毛细血管框架。这个过程就好像我们在家里做冰块一样，先把冷水倒进制冰块的小盒子中，放在冰箱里冻上半个小时，就可以变成相同形状的冰块了。一样的，在管状框架上覆盖内皮细胞就可以形成毛细血管，但只浇铸一次是不可能满足制造人造器官的需要。仅仅是制造人造肝脏，所需的毛细血管就要用 1/4 个足球场大小的模板，而目前的技术根本不可能制造出直径 30 米的硅片。所以研究人员希望通过将数千层毛细血管网，与肝脏细胞相连实现人造肝脏基本结构。

能打印人造器官的"打印机"

如果想在临床上大规模应用人造器官，还需要制订一个统一的、标准的生产流程。为此，生物工程师们计划采用一种"立体打印技术"。

这种技术是建立在计算机扫描打印理论基础上的。这种"打印机"不仅可以使研究人员精确地控制框架外形，而且还可以使研究人员根据各种细胞的不同属性，选择适当框架化合物。

这种"立体打印机"为组织工程师提供了制造复杂器官的秘密武器。研究人员正在利用这种"立体打印"技术制造肝脏及其他器官。他们希望生物科学技术与立体打印技术相结合，能制造出可移植的肝脏。

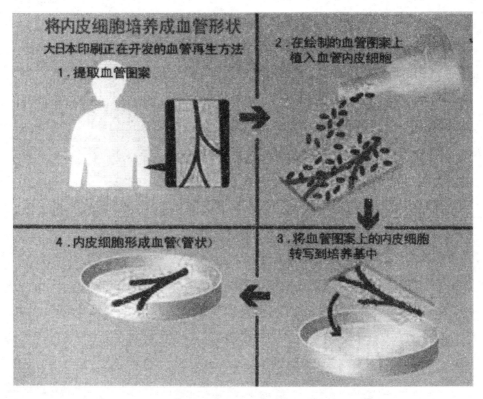

人造血管的制造过程

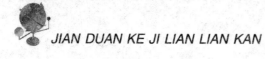

　　如果这种人造器官制造厂获得有关部门的许可，那时在隆隆的机器声中，患者所需的大量器官会走下生产线。我们不知道未来这些工厂究竟是直接生产各种器官，还是生产制造人造器官所需的精密框架，但有一点可以肯定，将来一定会出现一种人造器官商店，等待器官移植的患者，只需按尺寸购买自己所需要的器官，然后进行手术———一切就是那么简单！